北京市科学技术委员会科普专项资助
北京市科学技术委员会、北京市教育委员会——"雏鹰计划"
北京市教育委员会——北京市基础教育阶段创新人才培养项目

科学探案

破案技术

主　编　郭　威　张　毅
副主编　温永启

中国人民大学出版社
·北京·

前 言
PREFACE

　　教育创新和全民科学素质养成是知识经济与社会发展的内在要求和关键。国家相关科技、人才战略、规划，北京市科普工作相关战略、规划，都把教育创新和全民科学素质养成作为一项至关重要的工作进行了部署。创新是一个民族进步的灵魂，是一个国家兴旺发达的不竭动力。当代知识经济与社会发展最需要的是创新型人才。创新型人才的竞争，关键在于由科学素质所支撑的创新精神、创新能力的竞争。只有重视创新人才培养与教育创新、科学素质养成的关系，通过教育创新和科学普及工作，加快创新型人才培养，才能使我们的国家屹立于世界民族之林。

　　目前，我国在教育创新和科学素质养成方面尚有较大提升空间。体验和感悟是学习活动的基本方式。但长期以来，教育实践中常常忽略教育主体自身的体验和感悟，学生进行探究性学习的积极性不高、主动性不强，动手能力不够，提出问题、分析问题、解决问题的思路和方法尚待进一步提升。找到教育创新和科学普及的有力抓手和良好载体，并通过它们激发基础教育阶段学生对科学探究的兴趣，开拓学生的科学眼界，培养学生的科学意识，提升学生的分析能力，可以说利在当下、功在千秋。

　　围绕特色课程开发相关图书资源，是创新教育建构和科学知识普及的有力抓手和良好载体。当前，我国基础教育阶段面临战略转型，新课程改革倡导开展研究性学习，鼓励学生自主探索，参与科研实践课题研究，全面提升科学素质。北京市加大投入，通过"雏鹰计划"、"翱翔计划"等一系列基础教育阶段创新人才培养项目，在贯彻执行国家新课改政策方面做出了非常有益的探索，但尚需进一步优化和改进。一是无论是课程讲授还是课题探讨，

科学探案： 破案技术

都缺少合适的资源依托和针对性的参考书或教材。二是学生进行探究性学习的知识储备不够，需要增加过渡性的课程和知识点。三是需要激发学生进行探究性学习的积极性和兴趣。

本书就是在上述背景下，围绕科学探案特色拓展课程，以中小学生为主要受众群体而开发的科学普及性书籍，期望成为科学探案特色拓展课程和相关探究性学习的重要依托资源，同时助力教育创新改革和科学普及工作，为创新型人才培养做出贡献。

科学探案离不开刑事科学技术，刑事科学技术就是运用现代科学的理论和方法，对与犯罪相关的物证与场所进行勘查取证、物证鉴定的应用科学。其学科特点非常适合于中小学的创新教育。一是兴趣引领。很多青少年喜欢读探案故事，对侦查破案有天然的、强烈的好奇心和探究欲，因此侦查破案对青少年具有极大的吸引力。二是应用牵引。在侦查破案过程中，需要不断地应用各种技术解决各种问题，这样可以激发学生学习各种科学知识和技术的热情。三是思维激活。培养创新型人才，最重要的一点就是培养创新型思维。世界上没有完全相同的案件，每起案件的侦破都是一个极具挑战性的推理求证题目，强调思维缜密，重视推理，讲求实证，倡导质疑。破获案件从某种程度上讲也是复杂的思维过程，以案件推理思维为起点，通过兴趣引导，可对青少年进行全方位的思维训练。四是学科综合。刑事科学技术广泛运用现代科学技术的成果，涉及数学、物理、化学、生物、信息技术等学科，几乎所有的科学领域都会与侦查破案联系起来，科学探案的过程也是检验学生综合知识应用能力的过程，例如一个弹孔的分析会涉数学中的几何计算、物理动能分析甚至化学增强检验等，从而把被不同学科割裂的知识融合起来，把抽离出的理想状态在现实中复原，把应对考试的死知识在解决问题的过程中激活。五是素质养成。随着我国法治建设步伐的加快，物证在诉讼中的作用越来越重要，对科学证据的深度理解和运用正是目前法治化进程中公民素质的重要体现。同时，在我国中小学落实公民教育也是一项重要的任务，公民教育中如何培养学生的文明守法意识、平等意识、权利意识、参与意识、竞争意识、道德意识等核心公民意识，也是一项需要不断探究的课题。本书采用学生可接受的方式，让中小学生了解一些案件及其侦破过程，可使其汲取教训，加强自我保护，远离"黄赌毒"，远离"黑暴恐"，远离封建迷信，同时关注社会公共安全问题，增强社会责任感，敢于与违法犯罪现象作斗争。

本书在内容、风格、形式等方面做了大胆的尝试，希望能成为创新教育和创新人才培养的实验田和突破口，在普及科技知识、提高公民素养等方面发挥作用，助力教育创新和创新型人才培养。

目 录
CONTENTS

第 1 章　火眼金睛·· 2
- ◎ 什么是观察?
- ◎ 在犯罪现场勘查中有哪些观察技巧?
- ◎ 哪些因素会影响大脑处理信息?

第 2 章　我的"地盘"我做主·· 12
- ◎ 犯罪现场勘查活动基于什么原理?
- ◎ 犯罪现场勘查的步骤是什么?
- ◎ 现场保护的意义是什么?

第 3 章　毛毛细"语"··· 28
- ◎ 毛发在犯罪现场勘查中的作用是什么?能否认定犯罪嫌疑人?
- ◎ 毛发的结构是什么?
- ◎ 毛发的什么特征可以用于检验?

第 4 章　衣之物语·· 42
- ◎ 如何识别和描述纺织物常见的编织类型?
- ◎ 常见纤维类型的哪些特征可用于检验?

第 5 章　会说话的花粉··· 52
- ◎ 花粉和孢子在刑事案件侦查中的作用是什么?
- ◎ 花粉和孢子的哪些特征可用于检验?

第 6 章　手语·· 64
- ◎ 手印在刑事案件侦查中的作用是什么?

科学探案：破案技术

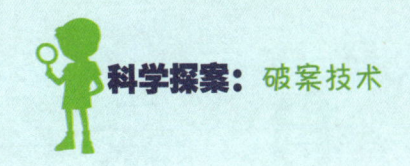

◎ 手印的哪些特征可用于检验？

第 7 章　生命的蓝图 ·· 76
　　◎ DNA 能否用于个人识别？
　　◎ 警方是如何利用 DNA 物证的？
　　◎ 如何利用 DNA 指纹图谱认定血缘关系？

第 8 章　血液就像一幅画 ·· 86
　　◎ 血细胞有什么作用？
　　◎ 如何确定血液样本的血型？
　　◎ 如何进行血迹形态分析？

第 9 章　"毒—药" ·· 100
　　◎ 如何鉴别五种管制药品？
　　◎ 过量服用某种药物或毒素会出现什么症状？
　　◎ 不同种类的毒素在致死中发挥什么作用？
　　◎ 毒理学的目的和作用是什么？

第 10 章　解码！笔下的犯罪 ·· 110
　　◎ 文书检验是什么？案件中有哪些材料涉及文书检验？
　　◎ 钞票检验属于文书检验吗？
　　◎ 每个人的笔迹有何不同呢？

第 11 章　死神来了 ·· 122
　　◎ 死亡的定义是什么？
　　◎ 自然死亡、意外死亡、自杀和他杀有什么异同？
　　◎ 法医是如何根据尸体现象判断死亡时间、死亡方式的呢？

目录

第12章 泥土也可以破案 ·················· 134
◎ 怎样识别各种泥土类型？如何进行检测？
◎ 泥土与犯罪现场有何联系？

第13章 会说话的骨骼 ···················· 144
◎ 如何利用骨骼区分人的性别？
◎ 如何通过骨骼检验来判断人大概的年龄？

第14章 不会说谎的玻璃 ·················· 156
◎ 玻璃检验是怎么进行的？
◎ 玻璃的哪些特征可用于检验？

第15章 脚下的秘密 ······················ 166
◎ 潜在痕迹指的是什么？
◎ 足迹的提取步骤主要有哪些？

第16章 神秘的工具 ······················ 176
◎ 现场工具痕迹有哪些类型？
◎ 辨别和分析工具痕迹的步骤有哪些？
◎ 如何知道现场工具痕迹是由哪种或哪个工具形成的呢？

第17章 让子弹飞 ························ 188
◎ 枪弹痕迹的哪些特征可用于检验？
◎ 枪弹痕迹的形成与枪弹的发射过程有哪些联系？
◎ 影视作品中经常提到的弹道究竟是什么？

后记 ··································· 205

人物介绍

卫青:男,14岁,初中生。

卫青是个爱思考的男孩,对外界事物充满好奇,观察力强,对于自己感兴趣的事情特别肯钻研,思维比较缜密,遇事特别冷静。卫青的爸爸与警官郭大大是公安局同事、战友。受郭大大的影响,卫青的理想是长大后成为一名神气而睿智的警探。

郭大大:男,50岁,警官。

卫青爸爸的同事、战友。在某市公安局刑警大队任大队长,曾侦办过"摩托飞贼"、"别墅大盗"、"隐秘凶手"等大案要案,破案技术娴熟,破案经验丰富。工作时,他沉稳干练,严肃认真;下班后,他又和善乐观,喜欢爱动脑筋、爱钻研的孩子。从小看着卫青长大,经常被卫青缠着回答各种各样有关破案的问题。

第1章　火眼金睛

我的问题

- 什么是观察？
- 在犯罪现场勘查中有哪些观察技巧？
- 哪些因素会影响大脑处理信息？

主要术语

- 分析技巧
- 演绎推理
- 目击证人
- 司法鉴定
- 推理
- 观察
- 观察力

核心技能

- 观察技巧

探索活动

- 什么是观察？
- 人脑是如何处理观察到的信息的？哪些因素会影响我们的观察结果？
- 什么是目击证人？目击者证词一定可靠吗？如何确定？
- 有哪些观察技巧？如何成为一名优秀的观察者？

科学探案：破案技术

思考

推理
你认为应该如何做好犯罪现场勘查工作？为什么？

林业局的一位官员声称：一位农场主发现农场的黄花梨树被偷了。这种黄花梨树能够用来制作昂贵的家具。勘查人员发现有六个树桩，除了树枝和树叶，还有20个空啤酒罐散落在树木周围。同时发现有卡车穿越旁边农田遗留下来的轮胎印痕，农田的栅栏也被压倒了。通过追查轮胎印痕，发现卡车发生了侧滑并刮倒了一棵树，树上留下了一小片油漆。这些证据都是要拍照和收集的。农场主记得在沿着这条路两公里的另一片树林里看到过类似的车轮印痕。警察调查了这些印痕，发现了更多的黄花梨树桩和空啤酒罐。警察记录了很多收集的卡车上的油漆证据、轮胎印记，并从一个啤酒罐上面提取到了一枚指纹。后来盗贼没有再作案，这个案子一直没有被侦破。

两年后，一个人偷盗了好几棵黄花梨树，卡车被扣留了，收缴的卡车表明这个人销售原木已经有很长时间了。警察对从卡车上提取的油漆样本与两年前在犯罪现场发现的油漆样本进行了比较。两者完全一致，指纹也和现场啤酒罐上发现的一致。根据这些证据，盗贼被判有罪，处以罚款，并服刑六年。

勘查人员如何认定卡车车主就是盗贼？他真的是盗贼吗？

问题
我们的观察能力受哪些因素的影响？

人脑对信息的处理

我们无时无刻不在运用我们的感官，通过视觉、味觉、听觉、嗅觉和触觉收

集周围的信息，但是为什么我们不能时时刻刻意识到感官收集的所有信息？答案很简单，就是我们无法关注于每一件事。我们的大脑只会选择我们所需要的信息。我们在无意识地运用一个过滤器（见图1—1）。我们仅仅关注重要的东西，有时通过变化的因素判断什么是重要的。例如，如果你处在房间里，周围都是静止的，你不可能对沙发的颜色、灯光的阴影，或者墙的尺寸和外形敏感；但是如果一只猫走进来，或者听到一声巨响，你便会觉察到环境中的变化。

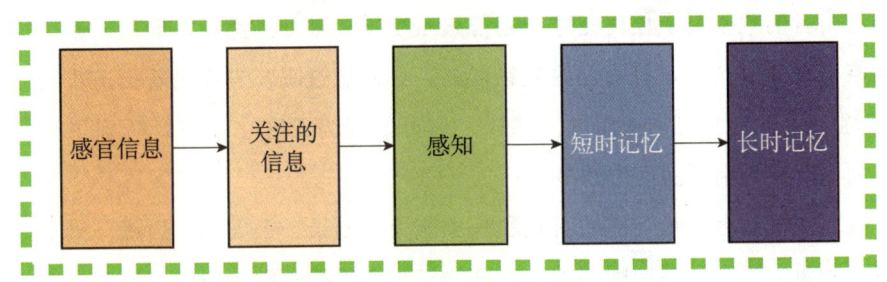

感官信息 → 关注的信息 → 感知 → 短时记忆 → 长时记忆

● 图1—1　人脑处理信息的过程

然而，我们的认知是有限的，我们所看到的不一定是真实的。观察也有出错的时候，不总能反映事实。例如，有些信息，我们大脑不一定真的获取了，正如我们阅读时就算某些单词丢失了，我们也常常不会注意，也不会影响我们对整个句子的理解。

同时，我们的大脑会运用已有的知识对周围环境进行新的定位。一个食物色素的相关实验中，香草味的粉红色奶油甜甜圈有可能被认为是草莓味的。我们的思维会把粉红色和草莓联系在一起，并将之认定为新的情景，即使这样是错误的。人类的感官是很有趣的，即使我们能够判断是错误的，有时也会选择相信我们所看到的、所听到的。即便结果被证明是不可能的，有时人们也会坚持自己所想和所看到的。

如果你觉得自己的大脑存在这样的问题，不用担心：虽然大脑不够完美，但仍然能够提供生存所需的信息。过滤信息，填充缝隙，运用已有的知识去理解新的环境，这些都是大脑发挥作用的表现。了解我们的不足能够帮助我们提高观察技巧，这点对于法庭科学非常重要。

科学探案：破案技术

> **问题**
> 目击证人真的可靠吗？

目击者观察

目击者的观察对于任何犯罪调查都是一个重要部分。然而，即便目击者完全确信自己所看到的，它有时也会是错误的。你注意过吗？当你沿着街道步行或者开车时却没有注意到你的周围。同样，你可能因为正在交谈或者听到了干扰信息，而没有感觉到周围发生的事。

我们的情绪会影响我们的听觉和视觉能力。如果一个人非常烦躁、兴奋或者郁闷，则可能不会关注周围事物。紧张的气氛会干扰我们的记忆，银行劫案的受害者描述当时的情景，他们的描述往往和实际不相符。

有趣的是，在非常环境中，我们的观察能力通常会变得很强。例如，很多人能够想起2001年9月11日美国世界贸易中心被袭击时他们在哪里。

其他影响观察的因素还有：(1) 你是一个人还是跟别人在一起。(2) 你周围人或动物的数量。(3) 你周围正在举办什么类型的活动。(4) 你周围有多少活动在进行。

目击证人

我们平时通过一个人的习惯和姿势对他进行观察。他长相的特点，走路姿势、站姿和手势等，都有利于我们对人物进行描绘。

对于同一犯罪案件，每个目击者的证词之间往往有很大的差别。你的观察往往可能受到兴趣、压力、注意力和各种干扰因素的影响。我们的偏见、个人信念和动机也会影响我们所看到的。记忆会随着时间减退，我们的大脑会将减退的部分用它认为恰当的填补上，然而这部分往往不一定正确。这些因素都会降低目击者描述的可靠性。

第 1 章 火眼金睛

> **问题**
> 如何成为一名优秀的勘查人员？

观察技巧

我们可以通过认识大脑处理信息的过程来提高观察技巧。这里有一些基本点：

（1）我们不能天生就注意到环境中的每个细节，因此，要成为一个好的观察者，我们必须有意识地努力观察所处环境。例如，你如果在犯罪现场，就应该从房间的一个角落，慢慢地按照一定的空间顺序观察房间的每一个地方。

（2）我们会自然地过滤掉不重要的信息，然而在现场我们不知道什么是重要的、什么是不重要的。这种情况下，我们就要有意识地观察一切，不管观察对象多么微小、多么熟悉。所以我们应该尽量关闭过滤功能，努力把自己训练成数据收集机器。

（3）我们生来就会解释看到的景象，寻找线索，建立它们之间的联系。相比观察，我们的首要任务是收集有用信息，直到我们有足够的信息来做出合理解释。收集的证据越多，解释就会越合理。

（4）人的记忆是会出错的，所以在观察时就要尽可能多地记录和拍照（见图1—2）。这对于以后进行犯罪现场重建非常重要。

● 图1—2　现场物证拍照

科学探案： 破案技术

总结

1. 人的观察受环境和大脑与生俱来的对感知信息的过滤能力的影响。
2. 目击者的观察有可能是残缺的、错误的，但也有可能是正确的。
3. 犯罪现场勘查人员应该在实践中加强观察训练。

故事穿插

一天，三名年轻男子被法庭传唤。原因是这三名男子把尸体装入麻袋，到当地一所大学换取钱财。当时的大学和医院通常会购买自然死亡的尸体来上解剖课或者用于研究。然而，大学的员工发现尸体非常新鲜，出于怀疑他报了警。这个案件中对作案人定罪的证据都来源于敏锐的观察能力。一名医生仔细地检验了尸体，发现所有的组织器官都是健康的，死亡原因并不是自然死亡。后肩靠近脊椎处有生前出血现象，这是暴力致死的表现，完全符合后肩背遭到击打的推断。同时，警察在勘查这三名男子住所附近的花园时，发现了沾有死者大量血迹的衣物。最后这三名男子以故意杀人罪被判处死刑。

问题

在上述案例的基础上解释为什么现场勘查在侦查破案中至关重要。

活动 1—1 学会观察

目标

活动结束后，能够做到：
1. 通过观察很好地描述一些现象。
2. 提高了自己的观察技巧。

完成活动时间

25 分钟

材料

实验室工作表

铅笔

安全措施

无

步骤

1. 老师会给你照片 1 和问题表。
2. 对照片 1 研究 15 分钟。
3. 3 分钟内尽可能地回答问题。
4. 对照片 2、照片 3 重复这几步。
5. 同学间讨论。

问题

1. 对于所有问题每个人的答案都一致吗?
2. 如果每个人观察的是同一张照片但答案却不一致,那么列举他们答案不一致的原因。

活动 1—2 你是一个目击者……

目标

活动结束后,能够做到:

1. 评价一份犯罪现场目击者笔录的准确性。
2. 测试你的观察能力。

完成活动时间

45 分钟

科学探案：破案技术

材料

（每名学生）

一份某餐馆的现场资料

一份某餐馆的问卷调查

安全措施

无

步骤

1. 老师给出犯罪现场照片。
2. 研究照片3分钟。
3. 老师发出指令后，翻开照片，回答关于犯罪现场的问题。

问题

1. 你是如何很好地记忆照片中的细节的？
2. 这次活动的结果是否表示目击者证词在法庭中毫无用处？
3. 影响观察的因素有哪些？
4. 如何提高你的观察技巧？

活动1—3 是什么在影响我们的观察？

目标

活动结束后，能够做到：

1. 测试你在案件中的观察能力。
2. 设计一个实验，播放商业广告录像，论证有多少种因素影响一个人的观察能力。

说明：熟悉的电视广告是测试观察技巧的基础。

完成活动时间

45分钟

第1章 火眼金睛

材料
　　商业广告录像
　　问题表
　　钢笔或铅笔

安全措施
　　无

步骤
　　观看商业广告录像。

问题

1. 录像中有多少人？
2. 从以下几个方面描述人物特征：
   a. 尺寸；b. 年龄；c. 肤色；d. 身高；e. 体重；f. 头发，如发型、颜色、长度；g. 衣服；h. 帽子；i. 眼镜；j. 显著特征；k. 首饰
3. 有胡须还是没胡须？
4. 身体是否有缺陷？
5. 描述广告中其他人。
6. 描述录像的拍摄位置。
7. 是否有家具出现在广告中？如果有，是什么家具？
8. 显示时间。
9. 能够确定是什么季节吗？
10. 广告中的人正在做什么？
11. 广告中是否有车？如果有，描述它：
    a. 型号；b. 年份；c. 颜色；d. 车牌号
12. 整个录像有多长时间？

第 2 章　我的"地盘"我做主

我的问题

- 犯罪现场勘查活动基于什么原理？
- 犯罪现场勘查的步骤是什么？
- 现场保护的意义是什么？

主要术语

- 犯罪现场勘查
- 证据
- 现场保护

核心技能

- 犯罪现场勘查

探索活动

- 如何勘查一个现场，在勘查现场的过程中如何进行人员分工，如何进行现场保护并且如何对犯罪现场收集到的证据进行保存？
- 下面有一个案例，通过该案例我们要从以下几个方面进行思考：
    1. 对这个案例的现场勘查工作如何进行人员配备？
    2. 现场勘查的主要内容是什么？
    3. 收集到的证据如何正确保存？被污染的证据能否作为合法证据在法庭上认定犯罪嫌疑人？

科学探案：破案技术

思考

推理
如何认定一个人犯罪？为什么？

在街心公园发现了三名工人的尸体，他们都是头骨碎裂，手被捆着。在尸体的旁边发现了沾了血的棍棒，可能为作案工具。因为尸体在一个旅馆附近，所以对旅馆的员工进行了询问。小赵，21岁，旅馆清洁工，警察对其外套上的血迹进行询问，小赵称是动物的血。他接受了测谎，并通过了测试。血液样本在实验室进行检验，结果表明正如他所说的是动物血。此时，案件进展遇到了瓶颈。

现场勘查人员决定重新检验证据，对捆绑死者的绳子进行了仔细的检验，发现这种由20股麻线组成的绳子仅仅在公园才有卖，并在小赵的出租屋内发现了同样的绳子。小赵又变成头号嫌疑人了，他外套上的血迹又被送到物证鉴定实验室进行检验，结果发现是人血并且和其中一位受害者身上发现的血迹完全吻合。随后，小赵又接受了测谎，并没有通过。最后，小赵承认杀害了其中一名工人。

问题
假如你是现场勘查人员，在勘查现场前你会怎么组织你的人员并进行合理分工？

为什么能通过捆绑的绳子来确定犯罪嫌疑人？

为什么在小赵身上发现被害人的血迹就能确定他是犯罪嫌疑人？

洛卡德交换原理

洛卡德交换原理的基本含义是：任何物体发生接触，都会产生物质交换现象。比如，作案人进入特定的场所进行犯罪活动，他的身体就会与现场的某些部位相接触，留下诸如足迹、手印等痕迹，同时他的身体上也会沾上受害人的血液等。犯罪现场勘查的依据就是洛卡德交换原理。

第一个关注这些因素的是爱德蒙·洛卡德博士，世界上第一个刑事科学技术实验室的主任。该实验室位于法国里昂。他建立的一些重要理论目前仍然是刑事科学技术人员的重点学习内容。洛卡德认为：当一个人和一个物体或另一个人接触，物证将会发生交换转移，交换的物证就能够反映这两个物体是有联系的。这个交换的证据就像犯罪事实无声的目击者。洛卡德曾经从一名女性受害者的指甲里找到了嫌疑人的遗留皮屑，从而认定了攻击她的人。

证据的类型

证据被分为两类：直接证据和间接证据（见图2—1）。直接证据包括直接的观察，像目击者证词或者监控录像。例如，一个目击者陈述在抢劫时看见被告人拿枪指着受害者。在法庭上，直接证据包括目击者所看到的、听到的。犯罪嫌疑人的供述或者被告人的辩解也被认为是直接证据。

间接证据是不能直接证明但能够暗示某种犯罪事实的证据。犯罪现场的间接证据能够把现场和嫌疑人联系起来。例如，在射击地点发现的嫌疑人的枪就是一种间接证据。

间接证据可以是自然界中的物理或生物证据。物理证据包括各种痕迹，例如指纹、足迹、鞋印、轮胎痕迹和工具痕迹。此外，物理证据还包括纤维、武器、弹头和弹壳等。生物证据包括体液、头发、植物和天然纤维。生物证据可以将嫌疑人锁定在更小的人群，或者直接认定某个人。这种证据在法庭上更有

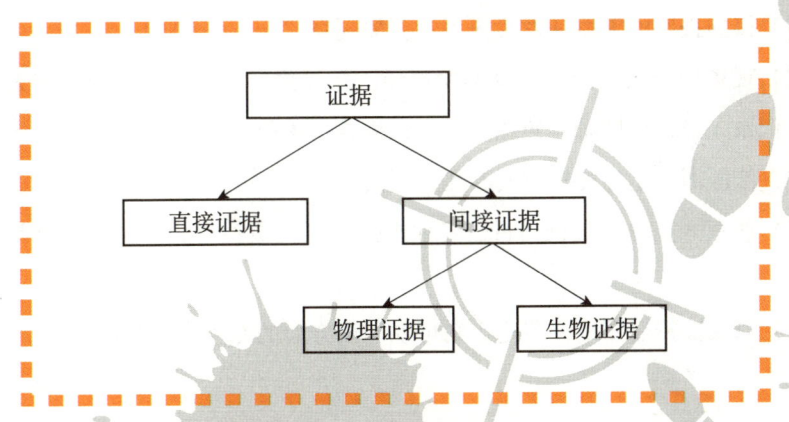

● 图2—1　证据类型的划分

说服力，比如，梳子上的头发、烟蒂上遗留的DNA（见图2—2）、衬衫上的血迹等等。

● 图2—2　从犯罪现场的烟蒂中能很容易地提取到DNA

犯罪现场勘查人员组成

现场勘查小组（见图2—3）由合法的和具有相关技术的专业人员组成，他们相互合作处理犯罪案件。

（1）接到报案的警察通常最先到达犯罪现场。

（2）现场勘查人员详细记录案发现场，并收集证据。犯罪现场勘查人员包括法医、记录人员、绘图师、照相人员和证据收集人员。

（3）法医需要给出死亡时间和死亡原因。

（4）侦查人员会通过询问目击者和根据勘查人员搜寻到的证据分析判断侦查方向。

（5）如果证据需要专业鉴定，则可以向该方面的专家进行咨询。

● 图 2—3 · 现场勘查小组

辛普森案件：证据保护和现场保护的重要性

1994 年，辛普森因涉嫌谋杀妻子妮可·布朗·辛普森和她的朋友罗纳德·戈德曼被审判，但最后辛普森被无罪释放。这是因为涉案的关键证据被丢失、改变和污染。

这一案件没有直接证据。现场滴落的血滴是有辛普森的血，至少可以证明他到过现场，辛普森家中的血手套和辛普森的脏衣服上都有被害人的血。但是在庭审辩护时，辩护人努力在公诉人的证据保存环节寻找破绽。他提出洛杉矶警察的物证保管方法不当，因为按照规定，新鲜血迹要用专门的塑料袋来包装，而警察用的是普通的纸袋，这就有可能使血迹受到污染，因此血迹的 DNA 鉴定结论可能不可靠。另外，在沾了血的袜子上发现了一种名为 EDTA 的化学物质，而这种物质是一种抗凝剂，人体中并不存在，辩护人质疑这些血不是被害人流出的，而是警察在保管物证时不小心沾染上去的。

而负责办案和入屋搜查证据的主要警察证人福尔曼，还被辩护律师指控为种族歧视者，这严重地摧毁了福尔曼证词的可信性。最终，在所有人的震惊中，由绝大多数黑人组成的陪审团在分析了 113 位证人的 1 105 份证词后，宣判辛普森无罪。

科学探案：破案技术

辛普森案件告诉我们，勘查现场要按规定的流程，现场的物证保护要遵循规范的操作步骤。

犯罪现场勘查的七个步骤

保护现场

保护现场是最先到达现场的警察的责任。要优先考虑人员的生命安全，其次才是保护现场证据。这就是说警察要将和犯罪有关的区域保护起来（用图2—4那样的警戒线隔离带），禁止无关人员进入。如果没有保护现场这一步骤，证据就可能会被转移、丢失或污染。

● 图2—4 警戒线隔离带

隔离目击者

下一步要做的是隔离目击者，不能让目击者们相互交谈。隔离是为了避免目击者相互讨论编造事情的经过（或结论）。

以下问题需要分别询问每个目击者：

(1) 案件是什么时候发生的？

(2) 谁报的案？

(3) 谁是受害者？

(4) 能认定作案人吗？

(5) 你看见发生了什么？

(6) 你当时在什么地方看到了犯罪现场？

观察现场

现场勘查人员需要判断是第一现场还是第二现场，并决定优先勘查哪个现场。例如，一起超市抢劫案中超市可能是第一现场，嫌疑人房屋可能是第二现场。再如，谋杀案可能发生在一个地方（第一现场），尸体却在另外一个地方（第二现场）。

现场拍照

现场照相人员需要观察现场，根据现场情况灵活安排拍摄现场方位照片、现场概貌照片、现场重点部位照片和物证细目照片（见图2—5）。能直观地反映犯罪现场所处的位置、地点以及与周围事物关系的照片就是现场方位照片。能反映出犯罪现场全貌以及现场内各部分关系的照片就是现场概貌照片。记录犯罪现场重要部位特点的照片叫作现场重点部位照片。能反映现场犯罪遗留痕迹形状、大小、特征等的照片就是物证细目照片。

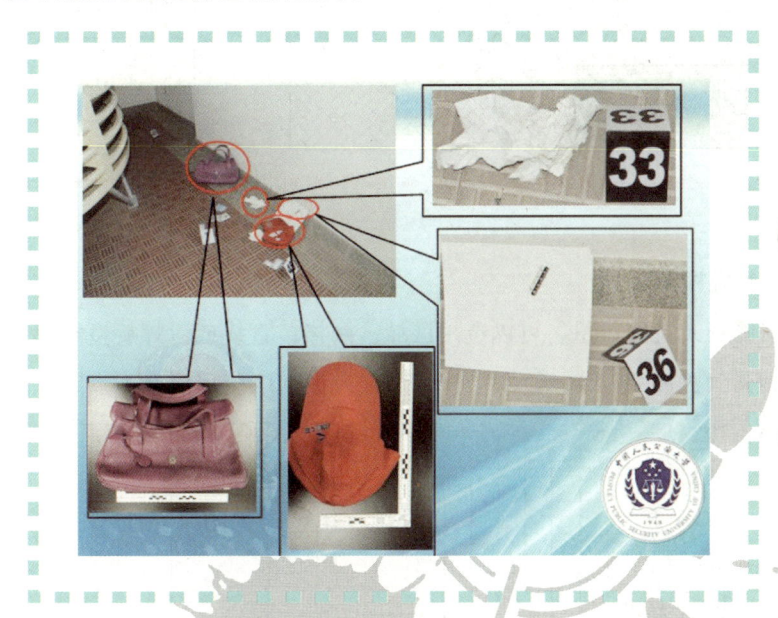

● 图2—5 现场重点部位照片和物证细目照片

科学探案：破案技术

现场绘图

绘制一个准确的现场草图。所有物体的测量应该是在两个固定的标记点之间进行的。草图上，需要标记方位和距离比例。犯罪现场附近的其他物体应该包括在草图里，其中包括门、窗户和家具。如果是室外现场，则树、车辆、栅栏和其他建筑物或物体都应该被绘在草图里。草图包括的内容如图 2—6 所示。

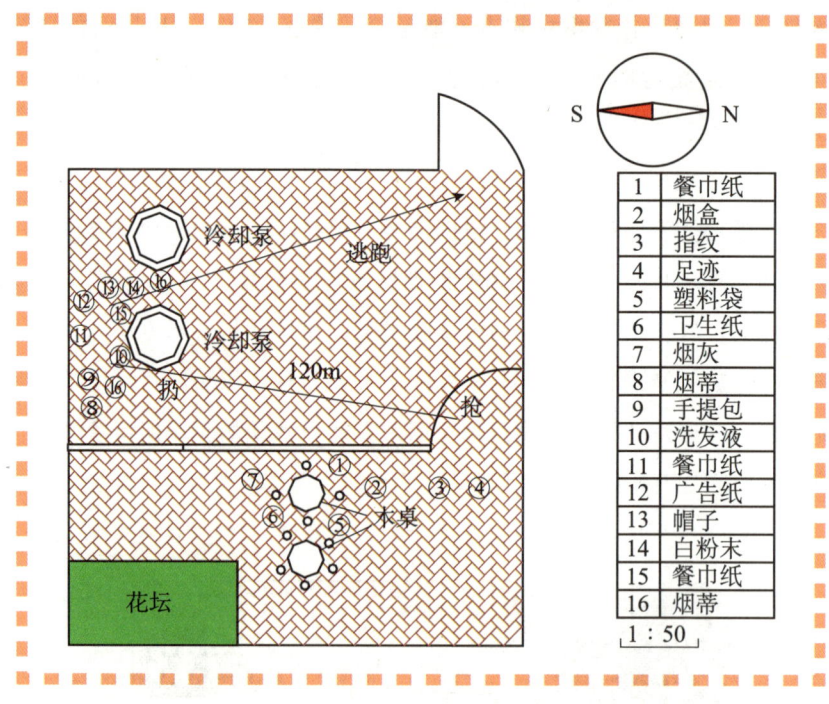

● 图 2—6　现场草图内容示例

现场物证搜索

根据调查人员的数量，可以选用区域、网格、直线或者螺旋搜索模式进行现场物证搜索（见图 2—7）。如果是一个勘查人员则应该用网格、直线，或者螺旋

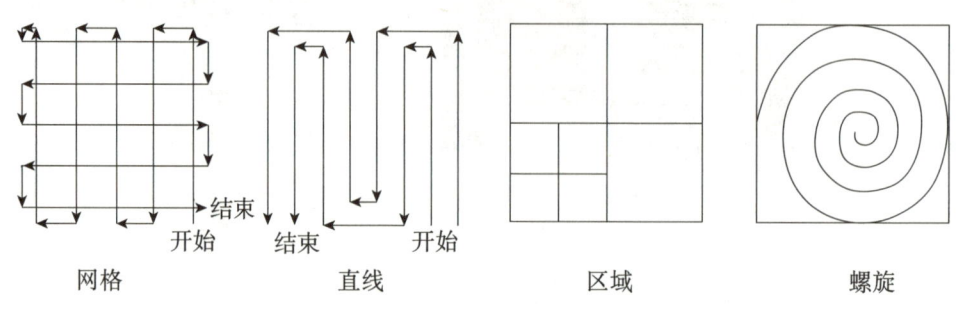

网格　　直线　　区域　　螺旋

● 图 2—7　四种常用的现场搜索模式

搜索模式进行现场勘查。如果是一组勘查人员则应该用直线、区域搜索模式。这样，可以确保搜索全面没有遗漏。

保护和收集证据

每种证据都需要专用的刑事物证封装袋（见图2—8）进行收集。证据的收集和存放有特定的程序和技术。

液体和纵火现场遗留物应该被密封，并储存在坚硬的容器中。潮湿的生物证据应该放在透气的容器中，减少霉菌感染。如果证据允许在空气中风干，可以风干后放入纸袋中，然后再放入塑料袋或纸盒中。最后用胶带封装容器，并且写上收集者的签名。

证据记录应该包含以下信息：

（1）案件名称。

（2）案件编号。

（3）证据的描述。

（4）勘查单位。

（5）受害者姓名。

（6）收集的日期和提取地点。

（7）证据收集者的签字。

（8）目击者陈述的签字。

● 图2—8 刑事物证封装袋

科学探案：破案技术

分析证据

犯罪现场勘查结束后，应将证据交由刑事科学技术实验室（见图2—9）进行检验。美国FBI实验室是目前世界上最大的刑事科学技术实验室。刑事科学技术实验室一般处理犯罪现场收集的所有证据。

● 图2—9 现代刑事科学技术实验室

犯罪现场重建

犯罪现场重建是在查清犯罪事实前对案件提出的一系列假说。但是假说并不是凭空猜测，而是要以证据为前提。

我们可以通过送检的证据及其检验结果来分析确定目击者陈述的可靠性。证据不会说谎，但会被伪装。对于勘查人员来说保持对所有可能性的充分思考是很重要的。

伪装犯罪现场

在某些时候，我们会发现现场收集的证据和目击者证词并不相符。这就存在伪装犯罪现场的问题。伪装犯罪现场会给警察还原事实真相造成一定的麻烦，这里列举了一些常见的伪装犯罪现场。

（1）纵火。作案人用一场大火来掩盖其他犯罪，例如谋杀或盗窃。

（2）自杀／谋杀。受害者被谋杀，作案人用酒精或者药物过量引起的死亡假象伪装了现场，让其看起来像自杀，动机可能是骗取保险金，从不幸福的婚姻中摆脱，或者仅仅是盗窃。

（3）盗窃。监守自盗可能被伪装成盗窃来骗取保险金。

确定犯罪现场是否被伪装，应该遵照以下几点。

（1）最初应将所有死亡案件当作他杀来对待。

（2）检查受害者身上的损伤类型是否和所使用的致伤物匹配。

（3）伤口能否由自己造成。

（4）通过询问受害者朋友和家人了解受害者基本情况。

（5）了解案发前受害者的表现（情绪和行为）。

（6）了解案发前嫌疑人的表现（情绪和行为）。

（7）证人证词和证据相互印证。

（8）重建案件经过。

（9）运用所有的刑事检验技术确定案件事实。

总结

1．洛卡德交换原理认为犯罪过程中人和物或他人的接触会发生物质的交换，交换的物质可能会成为关键物证。

2．证据可以是直接证据或者是间接证据。

3．一个现场勘查团队包括现场指挥人员、现场记录员、照相人员、绘图人员、证据收集人员及法医和其他专家。

4．犯罪现场勘查包括确定、记录和收集证据等工作环节。

5．首先到达现场的警察必须确认现场范围，包括第一和第二现场，保护现场和隔离目击者。

6．在搜索完现场并确定证据后，现场勘查人员需以拍照和绘制现场草图的方式记录现场。

7．收集证据时必须对收集到的证据进行保护。

8．实验室检验证据后，应将结果提供给侦查人员，由他们对犯罪情节进行判断并重建犯罪现场。

科学探案： 破案技术

活动 2-1　犯罪现场勘查……

目标

活动结束后，能够做到：

1. 阐明现场保护的正确流程。
2. 阐明收集和操作证据的正确技术手段。

说明：通过在模拟的犯罪现场很好地动手操作来复习本章的内容。一起案件发生后，你和你的勘查团队必须保护该区域并收集证据。

完成活动时间

60 到 90 分钟

材料

（每六个学生一组）

证据标签	证据详细目录标签表	可密封的塑料袋
纸质收集袋	摄像机或照相机（可选）	两副塑料手套
圆规	记号笔	镊子（每人一对）
强光灯	放大镜	绘图纸
拍照比例尺	卷尺	滚动胶带
手电筒或笔灯（每人一个）		包装纸（包含大的和小的）

场景

在花园小区的 A 栋楼 B 户发生盗窃，负责人带领 5 名队友赶赴现场。

步骤

犯罪现场勘查团队包含六名学生，每队有一名指挥员、一名记录员、一名照相人员、一名绘图人员和两名证据收集者。

完成活动后，每队学生需提交以下内容：

1. 首先到达现场人员的现场保护记录。
2. 列有表2—1到表2—5的完成情况以及日期和署名的清单。
3. 两张绘图——一张草图和一张包含精确测量的图。
4. 一些充分包含犯罪现场位置的照片；每个证据的特写照，包括证据标号和照片旁边的比例尺。
5. 贴标签的密封物证袋。

部分A 保护和保存犯罪现场

第一个抵达现场的警察需要对现场进行保护，他的任务就是阻止旁人接近现场，使现场污染最小化，后续抵达的警察应设立警戒线来阻止无关人员进入犯罪现场区域。

部分B 填写相关表格

表2—1：首先到达现场的警察任务

以下每个任务完成时做一个标记：

- 小心地搜索现场并确定是否存在危险
- 检查现场是否有人受伤，需要医疗照顾
- 呼叫支援来处理伤员
- 保护和隔离所有目击者
- 完成现场巡视，了解现场总体情况
- 通知上级现场需要增加警力和现场勘查技术人员
- 设立警戒带禁止无关人员进入现场，保护现场的完整性
- 收集和记录信息，包括记录者姓名、民警编号、案件编号、现场位置、案发时间、日期和报案方式，所有涉案人员姓名和现场其他所有人的姓名等

- 拉上警戒线来保护现场
- 记录所有进出现场的人员
- 提供下一个指挥人员简要的信息更新

日期_____ 署名_____

表2—2：记录者表

以下每个任务完成时做一个标记：

- 记录日期、时间、位置和证据收集人员姓名，并对每张证据表进行汇总，得到一张证据汇总表
- 记录天气状况、光线、异常气味和其他环境条件
- 和绘图师一起测量和记录现场
- 帮助搜索证据
- 帮助记录拍摄物证的位置和方位
- 帮助记录绘图内容的位置和方位

日期_____ 署名_____

表2—3：现场绘图人员表

以下每个任务完成时做一个标记：

需要准备两张现场绘图即一张草图和一张详细绘图。内容包括：

- 所有方位的正确标记
- 所有的物证和标记应该注上确定的位置和比例
- 小心谨慎地测量距离，保证绘图的准确
- 和现场照相人员一起记录照片内容的准确位置和方位

日期_____ 署名_____

表2—4：现场照相人员表

以下每个任务完成时做一个标记：

- 和绘图人员、记录员和证据收集员一起记录现场
- 对现场进行拍照，标注四个方位点、入口和出口等

- 对受害者和现场位置进行特写拍照
- 在一定距离拍摄现场概貌照
- 标注和拍摄所有的证据，同时记录员和绘图人员也要记录证据位置
- 拍摄 8 至 10 张与现场有关的照片，这些照片在现场重建时能够很好地反映犯罪现场

日期_____　　　　署名_____

表 2—5：证据收集人员表

以下每个任务完成时做一个标记：

- 戴上手套收集现场证据
- 选择一个合适的现场搜索模式，模式为_____
- 恰当地处理包装所有的证据，放入纸袋或塑料袋中，每个物证袋填写证据记录表
- 密封所有的物证容器，并贴上标签
- 填写收集员的姓名

日期_____　　　　署名_____

证据详细目录标签表

案件_____　　　　详细目录_____

物证_____　　　　物证描述_____

提取日期_____　　　　提取时间_____

提取位置_____

提取通过_____

嫌疑人_____

受害者_____

犯罪类型_____

第 3 章 毛毛细"语"

我的问题

- 毛发在犯罪现场勘查中的作用是什么？能否认定犯罪嫌疑人？
- 毛发的结构是什么？
- 毛发的什么特征可以用于检验？

主要术语

- 毛发
- 中子活化分析
- 毛干

核心技能

- 毛发中子活化分析

探索活动

- 毛发能进行个体识别吗？
- 老师将给你几种不同的毛发。我们将从以下几个方面入手。
    1. 认定头发的组成部分。
    2. 描述髓质层、皮质层、表皮层结构的异同。
    3. 区分人类和动物的毛发。
    4. 确定两根头发是否来源于同一个人。

科学探案： 破案技术

思考

推理
你认为利用毛发来认定嫌疑人有可能吗？为什么？

在一个小镇上，小明被枪击中头部，当场死亡，警察发现了弹头并希望通过弹道信息来侦破此案，不幸的是警察没有发现任何有用的线索。三年后，警察接到一通电话，该男子称他认为是小明的哥哥杀害了小明。随后警察在小明哥哥那里找到了一把枪，但是小明的哥哥为了防止弹道匹配已经破坏了枪管。

通过询问小明哥哥的朋友，警察得知小明被杀的时候，他的哥哥去过那个小镇。警察还发现当时小明哥哥在开车回家的路上扔过两个包裹。警察搜索了公路，发现了一包衣物。在包裹里的一件衬衫上发现了一根毛发，颜色和结构都和死者小明的毛发相吻合。面对这些证据时，小明哥哥承认了罪行。

问题
假设你是警察，你会如何对衬衫上发现的毛发进行鉴定呢？

毛发中子活化分析

中子活化分析是一种非常有用的技术，能够检测出一根两厘米长发丝中的14种不同成分。中子活化分析首先将毛发放入核反应堆，用高能的中子进行轰击，不同的成分会发出不同信号的伽马射线，记录和解读这些信号就能够判定这些元素的浓度。两个人的毛发具有相同浓度的九种不同成分的概率是一百万分之一。

拿破仑的毛发

1804 年，拿破仑·波拿巴（见图 3—1）凭借执掌法国陆军登上法国王位。滑铁卢战败后，他被流放到英国位于大西洋的圣赫勒拿岛上。史书上记载他在流放过程中死于胃癌。

2001 年，拿破仑的狂热粉丝本·韦德改变了拿破仑死因的说法，他找到了拿

第 3 章 毛毛细"语"

破仑的 5 根毛发，它们分别收集于 1805 年、1814 年和 1821 年，并用中子活化分析进行了检验。分析结果显示，拿破仑的毛发包含了比正常浓度高 7 到 38 倍的砷，说明当时拿破仑体内的砷含量已经达到了致命量。2002 年对拿破仑毛发的进一步分析显示其毛发中砷的含量非常高，由此认为拿破仑的毛发在保存过程中被污染了。于是有研究者戏称拿破仑在他实际死亡之前已经死过两次了。

最后，著名化学家沃尔特·麦克隆检验了拿破仑的毛发，他的研究反驳了先前的报道，他认为拿破仑毛发中的砷含量非常低，不会导致他的死亡。这件事情仍然备受争议，大多数化学家相信麦克隆的研究结果是正确的，但是拿破仑的爱好者认为拿破仑的死因有太多的疑问，不排除谋杀的可能。

● 图 3—1　拿破仑

讨论

一名勘查人员在现场发现一根金色的头发，认为它可能有助于侦破该案件。对头发的分析能够获得什么信息（见图 3—2）？

作为证据的毛发

毛发属于种类证据，若没有卵泡细胞，则不能用来认定特定的人。最好的情况也只能认定一类人，他们具有相似的头发类型。然而，即使他们的头发具有相同的特征，也不能认定来自同一个人。

头发很容易被留在犯罪现场，一般会附着在衣服、地毯和其他物体表面并转移到其他位置，这就是二次转移。

● 图 3—2　刑事专家准备对毛发进行分析

科学探案： 破案技术

毛发由于其坚固的外层，不容易被分解。毛发的物理特征能够确定一个人的种族背景。同时，对毛发的化学检测能够发现这个人以前使用过什么药物或者毒物，检测毛发里面的重金属含量，能够给出一个个体营养状况的评估。当毛发的卵泡存在时，还可以获得DNA证据，进而能够进行个人认定，这就是个体证据。

毛发分析的历史

在19世纪末，现场勘查人员就认识到毛发分析在侦查破案中的重要性。据说1847年，巴黎普拉兰公爵夫人谋杀案中就对现场发现的毛发进行了分析。

1883年，一本经典的法庭科学教材，阿尔弗雷德·史文·泰勒和托马斯·史蒂文森编写的《法医学原理和实践》中就提到了毛发在刑事勘查中的运用，该书包含了放大镜下的毛发图样，以及人类毛发各部分的认定等内容。

1910年，法国刑事专家发表了一篇题为《人类和动物的毛发》的全面研究毛发的文章，该文包含了利用显微镜对动物毛发的研究。

1934年，悉尼·史密斯博士利用比较显微镜检验了现场收集的毛发、嫌疑人和受害者的毛发。这种方法帮助侦破了一名八岁女孩的被杀案。

随着科技的发展，对毛发的分析更加深入，我们现在已经能够对毛发进行化学方法的比较分析。毛发分析包括中子活化分析和DNA检验，这些都是微量物证的标准分析工具。

毛发的作用

所有的动物都有毛发。毛发和皮肤上的肌肉相连，起到温度调节器的功能。如果外部温度低，那么肌肉竖直拉直毛发，建立充满空气的"口袋"，从而将空气"困住"。这些被困住的空气能够在靠近皮肤的地方建立绝缘层，从而起到保暖的作用。如果外部温度高，肌肉就会放松，毛发"平躺"在体表上，释放"口袋"中的空气。

对于人类来说，身体上毛发相对较少，不像其他动物那样扮演温度调节器的角色。当婴儿出生的时候，身体上大概有500万个毛囊，仅有2%分布在头上。所有的毛囊在胎儿五个月的时候就形成了。

毛发的结构

毛发由两部分组成：毛干和毛根。毛根底端为毛囊。毛囊是一种棒状结构，毛囊的末尾是毛细血管，给毛发提供营养，使其生长。

下面这个截面图显示了皮肤、毛囊的结构（见图3—3）。如果有毛根，就能够提取DNA和已有样本进行比较。如果没有毛根，则可以在比较显微镜下用其他特征进行匹配。

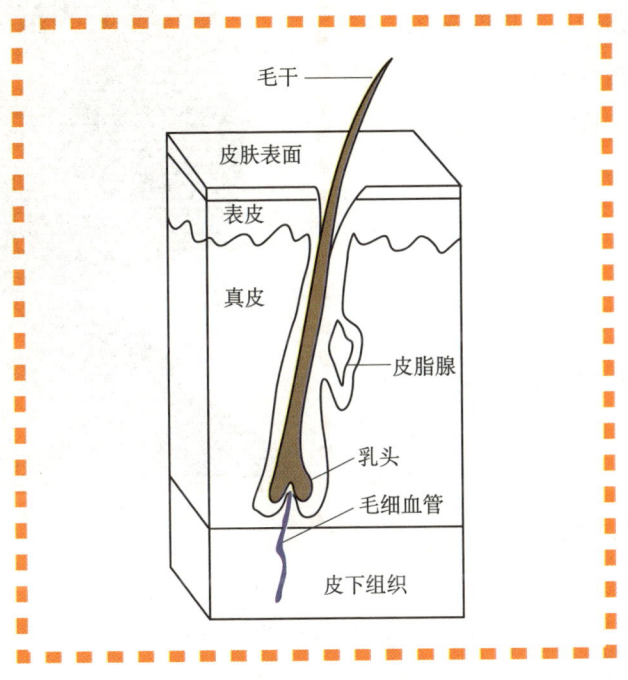

● 图3—3 皮肤、毛囊的结构

毛干由三个部分组成：内部的髓质层、皮质层、外部的角质层（毛小皮）。毛干的结构就像图中铅笔的结构（见图3—4）。铅笔的外皮就像角质层，石墨棒就像髓质层，铅笔的木材就像毛发的皮质层。

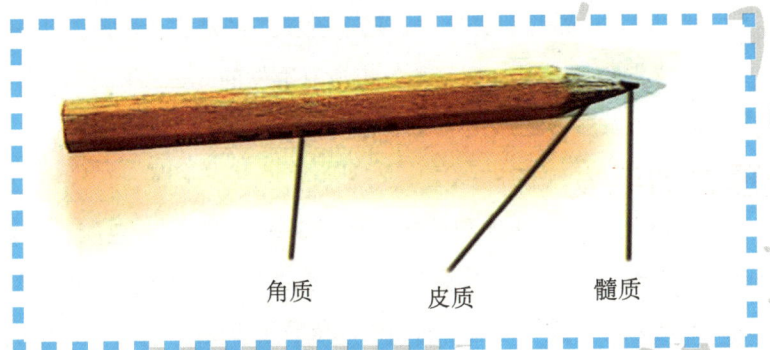

● 图3—4 毛干结构类似于铅笔

科学探案： 破案技术

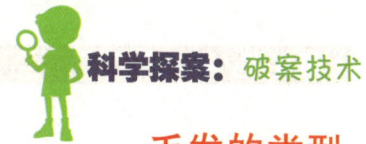

毛发的类型

毛发的主要特征有外形、长度、直径、纹理和颜色。毛发横截面可能呈圆形、三角形、不规则状或者扁平形状。成人胡须的纹理是粗糙的；小孩毛发的纹理是柔顺的；有些毛发是混合型的，例如狗的毛发有两层，一层是柔顺的，一层是粗糙的。毛发的颜色归因于色素的分布和染发剂的使用。在侦查破案中，这些特征能够用来认定或者排除犯罪嫌疑人。

就人类来说，每个人的毛发各不相同。另外，同一个人不同区域的毛发也可能不同（见图3—5）。刑事科学技术专家将人类毛发大致分为6类：头发、眉毛和睫毛、胡须毛发、腋下毛发、体毛、阴毛。

● 图3—5　同一个人不同区域的毛发也会不同

区分身体不同区域毛发的一种方式就是观察毛发的截面形状。比如，头发的截面通常是圆形或椭圆形；眉毛和睫毛也是圆形但尾部越来越尖；胡须的截面为三角形且很厚；体毛和阴毛截面呈椭圆形或三角形。

毛发的生命周期

毛发通常经过三个阶段的发展。第一阶段称为生长期，持续大约1 000天。人类80%到90%的毛发都处于生长期，这个阶段的毛发生长活跃。毛发在快速生长和变化后进入退行期，退行期的毛发占所有毛发的2%。第三阶段为休止期，该阶段毛囊休眠，毛发容易脱落。

处理过的毛发

毛发也会被很多种方式处理和修饰（见图3—6）。毛发脱色能够去除色素，使毛发呈浅黄色。人工脱色会在毛发上产生清晰的界线，而阳光脱色会留下更多平缓的印记。毛发染色改变的是毛干的颜色，角质层和皮质层都会被染色。

如果现场勘查中发现一根完整的毛发，还可能推算出染发的时间。毛发根部区域一般为自然颜色，人类的毛发生长速度为每个月大约1.3cm（每天大约0.44mm），测量自然颜色的长度，并除以1.3cm可以估算染色的时间。

● 图3—6 染色的毛发

动物和人类的毛发

人类和动物的毛发有很多不同之处，包括色素的种类、髓质指数和角质层类型。人类毛发的色素会集中在角质层，动物毛发色素集中在髓质层。人类的同一根毛发一般只有一种颜色，动物的同一根毛发可能会有多种颜色。

动物的髓质指数相对于人类来说要大很多（见图3—7）。髓质层直径与整根毛发的直径之比称为髓质指数。如果髓质指数大于等于0.50，就是动物的毛发。如果髓质指数小于等于0.33，即为人类的毛发。

髓质指数大于等于0.50　　　　髓质指数小于等于0.33

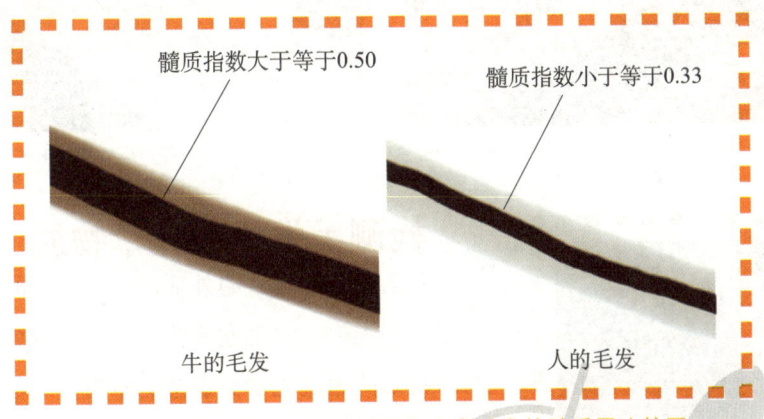

牛的毛发　　　　人的毛发

● 图3—7 动物毛发的髓质层和人类毛发的髓质层比较图

通过毛干的角质层也能够分辨是人类毛发还是动物毛发。例如，猫、海豹和貂毛发的角质层鳞片呈刺状，类似于花瓣。人类毛发的角质层鳞片扁平而狭窄，呈叠瓦状。

毛发在现场勘查中的应用

勘查人员进入现场时，通过抖动和刮擦物体表面来收集毛发，也可以使用胶带粘在物体表面来粘取毛发。如果物体表面过大，就需要使用真空吸尘器，真空

科学探案： 破案技术

吸尘器可以将毛发和其他微粒吸入筒中。勘查人员在提取毛发过程中要防止交叉污染。如果受害者身上或现场有大量的毛发，勘查人员应该从受害者或嫌疑人身上6个主要区域提取毛发和样本进行比较，进而认定毛发是不是嫌疑人所遗留的。

显微镜的使用

一种非常有用的毛发分析工具就是比较显微镜，它能够同时观察两个样本。一些专业的微观检验技术也被运用在毛发分析中。

很多染料和毛发处理在特定光源下会产生荧光。如果样本包含特殊化学物质，就会吸收一些光源，然后发射出不同颜色的光，这称为荧光性。荧光显微镜需要装配滤光片用来观测荧光、染料或毛发。

不同于运用光源来观察样本，电子显微镜则直接用一束电子打到样本上，可以将样本放大 50 000 倍，观测到样本表面无法想象的细节和内部结构（见图3—8和图3—9）。

● 图3—8　电子显微镜下狗（左）和鹿（右）的毛发

检测毛发中的化学物质

毛发生长在皮肤的外部，皮肤吸收的化学物质也会进入毛发。毛发吸收的毒素，例如砷、铅和药物都能通过化学分析检测出来。专家能够通过化学检验检测出毛发中的各种化学物质。在现场勘查中，这种分析能为毒品和药物使用的情况提供证据。

● 图3—9　传统电子显微镜下人类毛发微观图像

由于毛发不容易降解，生长速度相对稳定，可以通过对毛发的分段测试，推测毒物吸收（投毒）的时间，从而建立毒素存在的时间线。毛发的生长速度为每个月大约1.3cm（每天大约

0.44mm）。如果毒素出现在离发根 9cm 处，除以每个月的生长值 1.3cm 就能估算出相应的月数，即吸入毒素的时间大约为 7 个月。

检测毛囊

如果毛发是从受害者身上暴力拔除的，那么整个毛囊都可能存在，毛囊上附着的血液和组织可以进行进一步的检验（见图 3—10）。在许多案例中，首先进行毛发的微观评估，因为微观评估比血型和 DNA 检验更有效、更迅速。如果嫌疑人和采集样本的微观评估匹配成功，则再对样本进行血型和 DNA 检验。

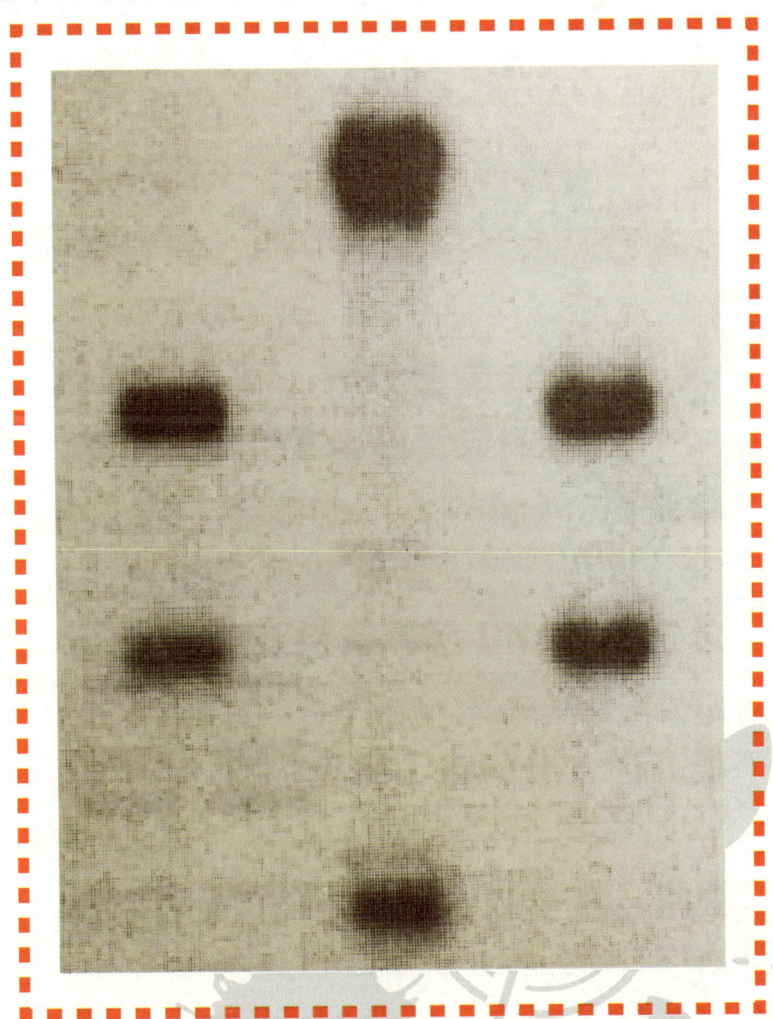

● 图 3—10　毛囊 DNA 检验纹印图

科学探案： 破案技术

活动 3—1　毛发检测

目标

本次活动结束时，能够做到：

1. 描述毛发的外部结构。

2. 从颜色、髓质层类型、角质层类型、厚度和长度几个方面辨别不同的毛发样本。

3. 比较嫌疑人毛发和现场发现的毛发。

4. 建立一个关于嫌疑人可能在犯罪现场出现过的假说。

5. 证明嫌疑人的毛发样本和遗留在犯罪现场的毛发是否匹配。

完成活动时间

60 分钟

材料

实验表格

塑料显微镜载玻片和盖玻片

干净的塑料胶带

比较显微镜

准备好的毛发样本载玻片

剪刀

干净的指甲油

安全措施

用双手拿显微镜

不要将指甲油弄到镜头上

第3章 毛毛细"语"

场景

一起谋杀罪中,嫌疑人将尸体从车上扔进了水沟里。当现场勘查人员到达时,首先对现场拍照,并绘制现场草图。在现场发现了毛发证据之后,从四名嫌疑人和死者身上收集毛发样本。在实验室,用比较显微镜对毛发样本进行检验。你的任务就是在比较显微镜下检验所有毛发样本并记录观察结果。检验所有样本后,判断嫌疑人的毛发是否与现场发现的毛发吻合,并证明你的结论。

步骤

第一部分:观察角质层

1. 取干净的载玻片。

2. 将载玻片沿着桌子边缘放置。

3. 在载玻片上刷指甲油,长度和宽度与盖玻片相同。

4. 从你的头上拔出或切断一根头发。

5. 捏住毛发,缓慢放到载玻片上,放置过程中要小心谨慎,不要来回摆动毛发。将毛发放入指甲油中,松开毛发。

6. 10分钟后,抓住毛发的末端,将毛发从指甲油中抽出。

7. 在放大100倍的条件下观察毛发,并绘制角质层(见图3—11)。

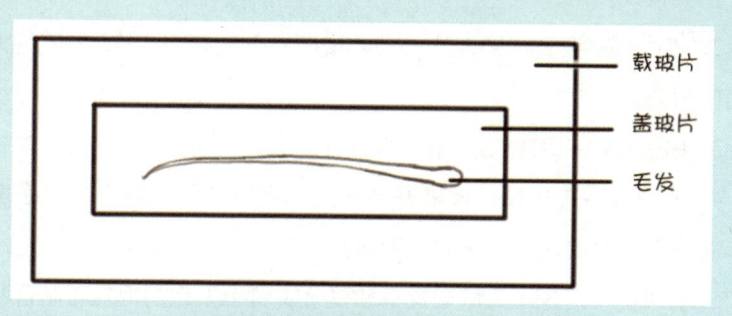

● 图3—11 观察角质层的示意图

科学探案：破案技术

第二部分：观察你的毛发

1. 取塑料载玻片，在玻片末端写上名字的首字母。

2. 从头上获取一根包含发根的毛发，可以直接拔出也可以用剪刀剪取。

3. 把毛发放在桌上。

4. 撕开胶带，用有黏性的一面对着毛发，按住胶条靠近毛发的一端，但是手不要接触到毛发，将毛发粘到胶带上。

5. 将黏附毛发的胶带放在塑料载玻片上，用手指按压胶带将气泡挤出，剪掉多余的胶带。这样就获得了固定的载玻片了。

6. 用记号笔在标签上写上你的名字并贴在载玻片上。

7. 调节显微镜焦距，放大100倍。

8. 在表3—1中填写你的毛发信息。

9. 鉴定髓质层类型、角质层、颜色和其他特征。

表 3—1　　　　　　　　　你的毛发信息

毛发来源	草图	颜色	髓质层	角质层	直发或卷发	其他特征

第三部分：嫌疑人和现场毛发分析

1. 从指导老师准备的信封中取出受害者毛发，绘制受害者毛发的草图，将所有信息记录在表3—2中。完成后将载玻片放回到信封中，以方便其他人使用。

2. 依次观察四名嫌疑人的毛发，绘制草图并在表3—2中填写所观察到的信息。

3. 你需要确认现场毛发是否来自受害者。

4. 与同学结果比较，如果答案不同，就有必要检验更多的毛发样本。将比对吻合的毛发重新收集起来。

5. 有可能每名嫌疑人的毛发都和受害者身上发现的毛发相吻合吗？

6. 记录你的最终分析结果。

表 3—2　　　现场毛发、嫌疑人毛发和受害者毛发的信息

毛发来源	草图	颜色	髓质层	角质层	直发或卷发	其他特征
现场毛发						
嫌疑人 1						
嫌疑人 2						
嫌疑人 3						
嫌疑人 4						
受害者毛发						

问题

1. 犯罪现场毛发和嫌疑人毛发吻合吗？如果吻合，是哪个嫌疑人？
2. 运用完整和正确的语句写出三个不同的毛发特征来支持你对问题 1 的回答。
3. 是否可能没有任何一份毛发样本和现场发现的毛发吻合？
4. 是否可能不止一个人的毛发样本和现场毛发吻合？
5. 如果某人的毛发与现场提取的毛发吻合，是否意味着他一定是作案人？
6. 如果某人的毛发与现场提取的毛发吻合，能够从哪些地方提取他们的 DNA 来证明和现场 DNA 吻合？

第4章　衣之物语

我的问题

- 如何识别和描述纺织物常见的编织类型?
- 常见纤维类型的哪些特征可用于检验?

主要术语

- 直接转移/间接转移
- 纤维
- 纺织物
- 编织类型

核心技能

- 纺织物鉴定

探索活动

- 纤维的类型：纤维的成分是什么？哪些是常见类型或罕见类型？什么样的犯罪嫌疑人或受害者有这种类型的纤维？什么样的犯罪现场会留有这种类型的纤维？
- 纤维的数量：发现了多少根纤维？一根或数百根？
- 多纤维转移：在犯罪现场只有一种类型的纤维转移吗？如何分辨地毯、衣服和被褥留下的纤维？
- 实施犯罪和发现纤维之间的时间间隔：多长时间之前发生的纤维转移？一小时、一天，还是一周？排除纤维位置受到扰动的情况（如套袋的外套或上锁的房间），随着时间的推移，犯罪现场纤维的价值会不会受影响呢？

科学探案：破案技术

思考

推理
你认为纤维和纺织品能用来认定嫌疑人吗？为什么？

1994年3月，A市某个村落。短短几天之内，有多人遭到绑架并被勒至窒息而亡，尸体被丢弃在垃圾堆或草丛中。警方到达现场后，仅从受害者身上收集到多种形状特异的纤维。

一天晚上，警察在河边发现一辆白色货车，货车司机在驶离大桥时将某些东西抛入河里。警察马上拦截了这辆车，并派人打捞了扔到河内的东西，发现是人的尸块。因此，44岁的司机张某因涉嫌谋杀而被捕。但是，警察难以确认嫌疑人的作案方式和作案动机。

据调查，张某前段时间做生意失败。村里人说，张某平时为人和善，不像一个会杀人的人。但是，鉴定人员发现，受害者身上发现的纤维与张某家地毯上的纤维是同一种，由此认定张某系村中系列杀人案的凶手。最终经法院审判，张某被判处死刑，而他家中的地毯成为他被判死刑的主要证据。

问题
在法庭科学中，纤维是不是揭露犯罪和犯罪嫌疑人之间有联系的直接证据呢？

假如，一个小偷所穿外套的纤维与在犯罪现场发现的纤维的类型匹配，是不是就意味着他去过那里，或者他就是作案人呢？

纤维的分类

纤维分为天然纤维和合成纤维。一个法庭科学家要能够区分不同类型的纤维，因为它能揭示犯罪嫌疑人所处的环境这一关键信息。

天然纤维

天然纤维来源于动物、植物,以及从地下开采的矿物。

(1) 动物纤维。动物从三个途径提供纤维:毛发、毛皮、织带。所有的动物纤维都由蛋白质组成。图4—1展示了偏光显微镜下的羊毛纤维。

(2) 植物纤维。特殊的植物细胞,它们是植物的一部分。种子、果实、茎、叶都产生天然植物纤维。植物纤维通常较短,长度

● 图4—1　偏光显微镜下的羊毛纤维

只有两到五厘米,并随着时间的推移变得脆弱,这意味着在犯罪现场小纤维是常见的微量物证。

合成纤维

今天生产的织物有一半是合成纤维。它们被归类为再生纤维和聚合物。简单来说,要产生这些纤维首先要加入许多单体形成聚合物。合成纤维包括人造丝、尼龙、乙酸乙酯、丙烯酸树脂和聚酯等。图4—2至图4—4展示了显微镜下的合成纤维。

● 图4—2　显微镜下的合成纤维之一

科学探案： 破案技术

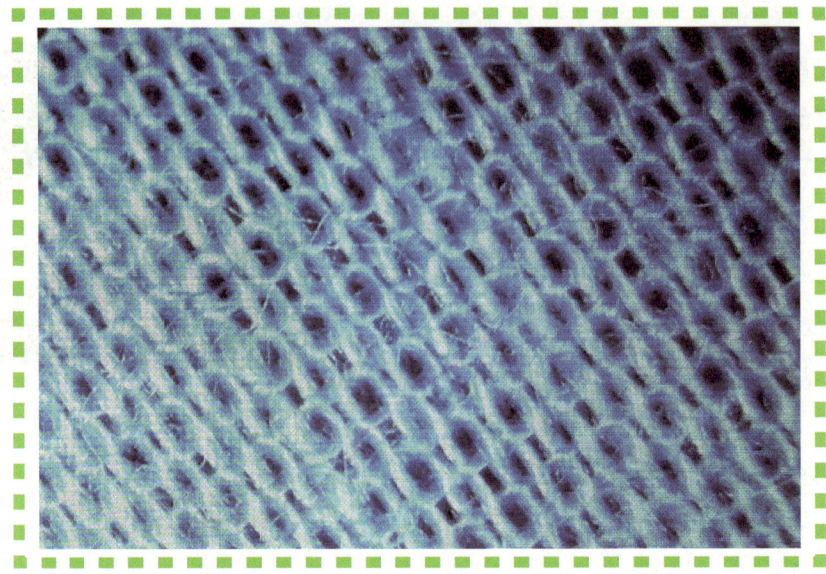

● 图 4—3　显微镜下的合成纤维之二

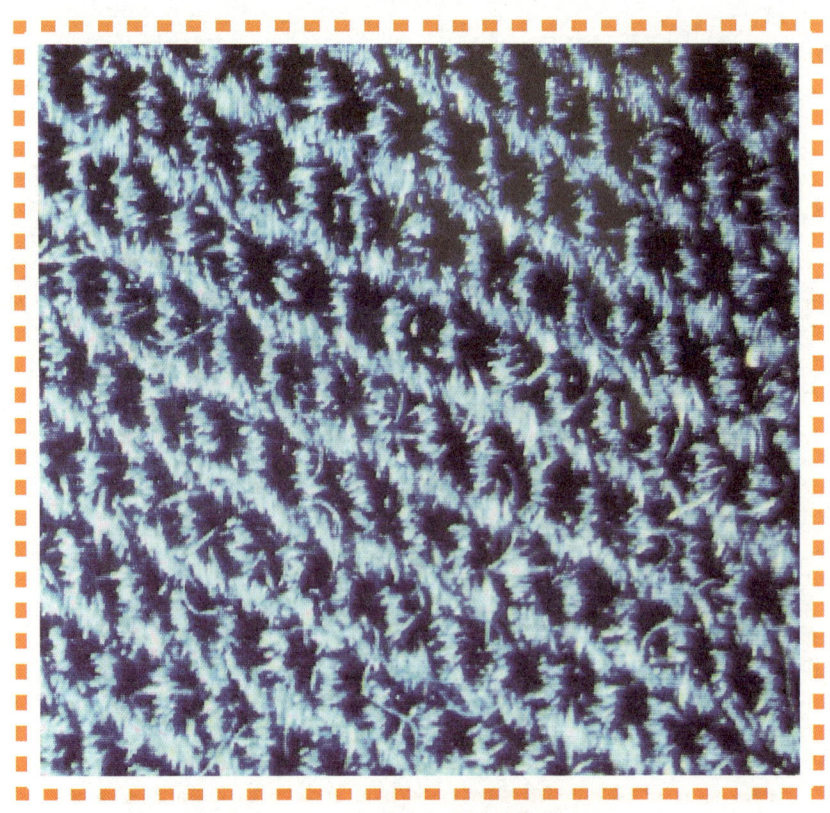

● 图 4—4　显微镜下的合成纤维之三

天然纤维和合成纤维的比较

合成纤维与天然纤维相比，好处在于它们不受微生物的损害。但它们会在强光下分解，溶解的温度比天然纤维的低。表4—1列出了各种纺织纤维的不同特点。

表4—1　　　　　　　　一些常见的纺织纤维在放大镜下的特点

纤维	特征
棉	• "扁平软管"的出现 • 到约5 cm长后，逐渐变成钝点 • 可能有磨损的"根" • 空心不可见
亚麻	• "竹竿"的出现 • 直且有角，但不是弧形的角 • 每2.5 cm左右有如X的"节点" • 常出现多个纤维束
丝绸	• 不会逐渐变细，但具有小直径的变化 • 可以与其他纤维配对（生丝） • 没有内部结构
羊毛	• 表面鳞片是可见的 • 中空或部分空芯 • 纤维达7.5 cm左右长后，逐渐变成细点
合成	• 横截面形状和直径变化很大 • 一般是柔和的曲线 • 大小均匀 • 表面可能经过处理，表现为斑点、污渍或坑

纺织品

纤维可以被编织成纺织品。纵向螺纹（经纱）紧排在一起，然后横向螺纹（纬纱）用不同的方式来回编织。表4—2是对各种编织类型特点的描述。

科学探案： 破案技术

表 4—2　　　　　　　　　各种编织类型的特点

编织的类型	图	特点	描述
平纹		经纱和纬纱交替	• 坚固和经久耐用 • 抗起球 • 抗撕裂强度低 • 易起皱纹
席纹		两根纬纱和两根经纱交替	• 开放或多孔织物 • 不起皱 • 不是很耐用 • 纱线移位往往会变形 • 在洗的时候会缩水
缎纹		一根纬纱跨越三根或更多的经纱	• 不耐用 • 穿时易抽丝和破裂 • 表面光亮 • 高光反射率 • 与其他服装摩擦小
斜纹		每根纬纱交替浮于两根经纱之上，然后沉于两根经纱之下	• 密集紧凑 • 各面不同 • 表面是对角设计 • 柔软
罗纹		使用两种经纱和一对纬纱，在每根纬纱投入织口后，相邻的经纱相互扭绞，纬纱从左至右行进于两根扭绞的经纱之间	• 开放编织 • 穿着和洗涤时易变形和磨损 • 只向一个方向延伸

第4章 衣之物语

活动 4—1　微观纤维

目标

1. 用显微镜检查确认纤维。
2. 收集和记录数据。
3. 用收集的数据解决司法问题。
4. 辩证地思考你的实验是否解决了问题并确认了纤维可能的来源。

完成活动时间

60 分钟

材料

显微镜幻灯片标记如下：

- 来自 1 号嫌疑人汽车上的纤维
- 来自 2 号嫌疑人汽车上的纤维
- 来自 3 号嫌疑人汽车上的纤维
- 来自 4 号嫌疑人汽车上的纤维
- 来自受害人汽车上的纤维
- 在受害者的身上发现的纤维

彩色铅笔

显微镜

钳子

安全措施

要用两只手移动显微镜

科学探案：破案技术

场景

路边一宗谋杀案的受害者身上发现了地毯纤维。据推测，受害者是被犯罪嫌疑人用车搬运到这个位置的。汽车地毯上的一些纤维被转移到受害者身上。你的任务是比对在受害者身上找到的地毯纤维样本和来自四个犯罪嫌疑人的汽车上的地毯样本。

步骤

1．在显微镜下用 100 倍放大观察老师提供的地毯纤维样本。从微观角度绘制各个地毯纤维样品的草图。

2．记录以下信息，如表 4—3 所示。

表 4—3　　　　　　　地毯纤维样品信息

纤维的来源	纤维的描述	单色或彩色	纤维的颜色	纤维的相对数量（单个、很少、很多）	纤维的相对厚度（厚、薄或有变化的）	纤维的形状（扭曲或直的）
1号嫌犯的车						
2号嫌犯的车						
3号嫌犯的车						
4号嫌犯的车						
受害者的车						
受害者的身上						

第 4 章　衣之物语

> **问题**
> 1. 哪个嫌疑犯的地毯纤维样本与受害人身上发现的地毯纤维样本匹配？
> 2. 利用数据表上的具体特点，解释为什么你认为这个嫌疑犯的地毯纤维样本与在受害人身上发现的纤维样本匹配。
> 3. 假设你从嫌疑犯的汽车上提取的地毯纤维样本与在受害人身上发现的地毯纤维样本匹配，辩护律师可以找出什么理由来说明只有汽车纤维匹配不一定能证明其当事人有罪？

第 5 章　会说话的花粉

我的问题

- 花粉和孢子在刑事案件侦查中的作用是什么？
- 花粉和孢子的哪些特征可用于检验？

主要术语

- 被子植物
- 外壁
- 法医孢粉学
- 裸子植物
- 花粉的"指纹"
- 授粉

核心技能

- 花粉检验

探索活动

- 花粉的种类可以用于识别犯罪嫌疑人吗？
- 老师将给你展示一些不同种类的花粉粒，请仔细观察。
  1. 相同类型的两种花的花粉是否相似？（例如，一朵红色的郁金香和一朵黄色的郁金香）
  2. 花粉粒的大小和花的大小之间有什么关系？
  3. 裸子植物的花粉比被子植物的花粉大吗？
  4. 依赖于动物或风授粉的植物产生的花粉比自花授粉的植物产生的花粉外观更清晰吗？

科学探案：破案技术

思考

推理

花粉可以用来认定嫌疑人吗？为什么？

某人一直怀疑居住在隔壁的年轻大学生在种植大麻。他们在地下室安装了很多照明设备，而且晚上他们的公寓里也会有很多人进进出出！他怀疑，这些大学生不仅种植大麻，而且还有可能在销售大麻！警察接到报警后，迅速来到公寓内，对年轻大学生实施了抓捕，并没收了毒品。但令人意外的是，他们似乎提前知道了警察要来的消息。在警方到达的一小时前，他们快速地砍去所有植物，并拆除了室内灯光照明设备。警察来了之后，仔细检查了房间，并没有发现植物和生长灯。在之后的审讯当中，年轻大学生们否认种植大麻，警方也没有搜集到明显的证据证明其种植了大麻。为了寻找案件的突破口，警方决定寻找微量花粉证据。

问题

假设你是负责现场勘查的警察，可以在现场哪些地方搜集花粉？

大麻植物的花粉是如何转移的？

所收集的花粉和犯罪嫌疑人或者犯罪现场是怎样联系起来的？

如何对所收集的大麻植物花粉进行检验？

花粉和孢子检验

法庭科学的一些分支致力于研究犯罪现场的生物物证。其中一个分支就是法医孢粉学，该科学通过研究花粉和孢子来帮助侦破刑事案件，所依据的基础是洛卡德交换原理，即接触的两个物体或人之间会留下痕迹。在这个案例中，洛卡德交换原理是指花粉或孢子在受害者、犯罪嫌疑人和犯罪现场之间转移。犯罪嫌疑人有可能粘取了微观物证，这有助于调查人员追踪他们。

将花粉和孢子作为证据是比较新颖的,在未来的犯罪现场勘查中,这类证据的应用可能会得到更大的普及。

花粉生产者

花粉(孢子)是法医孢粉学的重要研究对象。通过了解某个特定地区的植物花粉的生产模式,可以更好地预测花粉的"指纹"类型。花粉的"指纹"是指特定的地区在一年内发现的花粉粒的数量和类型。

花粉是种子植物特有的组成部分,相当于小孢子和由它发育的前期雄配子体(见图5—1)。

● 图5—1 花粉

花粉的识别

基于花粉特异的、多样的结构,它们成为犯罪现场重要的微量物证。花粉坚硬的外层,被称为外壁。在显微镜下观察,它有独特、复杂的结构。外部特征包括尺寸、形状、壁厚和表面纹理。较大的花粉不能远行,如玉米花粉,只能随风传播约半英里(约800米)。如果有人身上粘有玉米花粉,他们可能距离玉米田或玉米花很近。

风播花粉形态比较简单,拥有薄壁,很容易保存鉴定。相反,动物传播的花粉通常是大的、黏黏的,拥有厚壁,但也容易保存鉴定。

科学探案： 破案技术

花粉随着特定的季节和地理位置产生。花粉鉴定一般是种属识别。如果在受害者身上发现的花粉不属于犯罪现场，则表明尸体可能被移动过。

花粉的耐药性质能使之避免脱水和降解。同时，动物授粉的被子植物的花粉，通常有锋利的边缘，使其更好地黏着动物或者嫌疑犯。在犯罪现场，犯罪嫌疑人难以擦除微观的花粉。这种特性可以帮助确定嫌疑犯是否到过犯罪现场。

在犯罪现场收集花粉后，存储样本是至关重要的，要避免样本被污染。污染问题，有可能成为辩护律师寻找案件漏洞的第一选择。

发现花粉

花粉无处不在。它们在我们呼吸的空气中，在毛发、毛皮、羽毛、绳、衣服、黏膜、土壤、植物和无生命体中都能找到。

土壤、污垢和灰尘样本尤其重要，它们往往含有丰富的花粉和孢子。例如，从一个受害者的衣服、鞋子、皮肤、毛发或其汽车上收集泥土样本，可以帮助确定犯罪地点。人类和动物的衣服和毛发也是花粉的主要聚集地。一些不寻常的材料可能含有花粉，比如毛绒动物和覆盖灰尘的脚印。

收集花粉

每一个犯罪现场都是独特的。法医孢粉学家需要咨询整个调查团队，然后制定合适的取样策略。现场处置时，法医孢粉学家应该立即到达犯罪现场收集花粉，减少证据的污染和破坏。

所有的样本应仔细标记并密封在无菌的塑料袋中。植物样本放在信封中，干燥保存，防止退化。理想情况下，样本应冷冻或干燥。

分析花粉样本

在实验室，对花粉进行处理，再由法医孢粉学家使用显微镜分析它们（见图5—2）。但最好是用透射光或相差显微镜观察孢子和花粉。

专家通过扫描电镜（SEM）观察花粉和孢子表面的细节特征，来确定花粉和孢子所在的地区。初步鉴定可参照地图、地图册、杂志文章、书籍和互联网网站上的照片。在科学家缩小搜索范围后，他们借助参考标本观察实际的植物材料、花粉和孢子。

第 5 章 会说话的花粉

● 图 5—2 电子显微镜下检查花粉

证据分析是一项复杂的工作，需要很高的技巧。一旦完成花粉的收集、处理、分析、解释等工作，结果将呈现在法庭上，让法官评估它的价值，从而确定嫌疑人涉及犯罪的可能性，并由法院宣判。花粉不能成为首要的或唯一的犯罪证据。

讨论
花粉有哪些授粉类型？

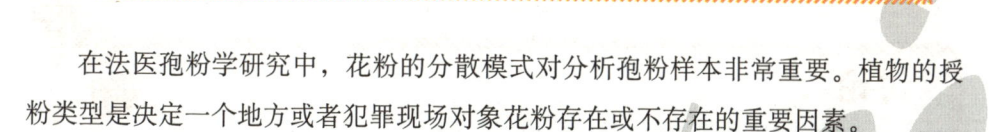

在法医孢粉学研究中，花粉的分散模式对分析孢粉样本非常重要。植物的授粉类型是决定一个地方或者犯罪现场对象花粉存在或不存在的重要因素。

授粉是指花粉从植物的雄性部分转移到植物的雌性部分。授粉可能涉及一朵或更多的花。在开花植物中，同一朵花的花药转移到柱头的授粉方式被称为自花授粉（见图 5—3），如豌豆。如果授粉涉及两株不同的植物，则称为异花授粉（见图 5—4）。请注意，一些植物可以自花授粉，也可以异花授粉。花授粉的效率决定了严格的自花授粉植物产生的花粉通常比异花传粉植物少。因此，在法医研究中，自花授粉植物的花粉价值一般比较低。花粉可以通过风、动物或水传播。许多裸子植物释放大量的花粉，通过风达到长距离传播的目的，这是风授粉。风

科学探案：破案技术

授粉的植物的花朵一般小而不鲜艳，也没有香味。一些物种的每个球果可产生多达 70 000 粒花粉，大量的花粉增加了达到雌性生殖部分的机会。然而，花粉过多也会使采集的样本过多。例如，大麻植物是风授粉的被子植物，它的花粉是靠风力传播的，所以通过它确定的犯罪嫌疑人的活动范围会很大。

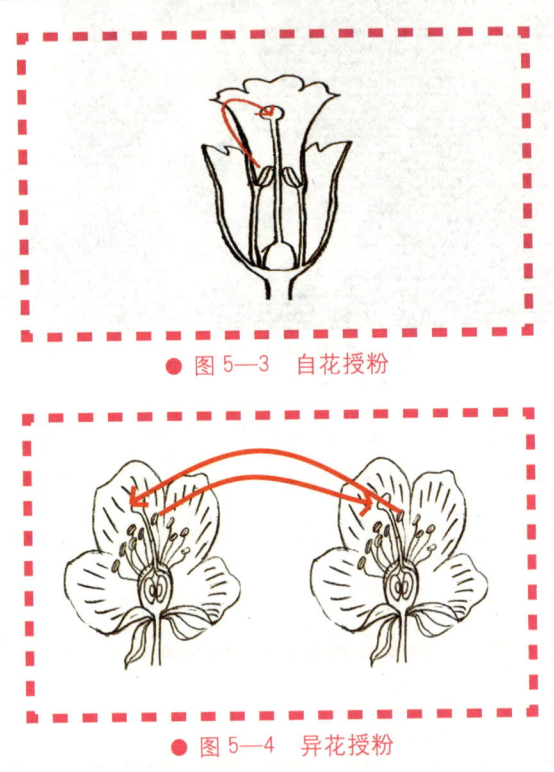

● 图 5—3　自花授粉

● 图 5—4　异花授粉

讨论
你知道哪些动物可以成为花粉的"搬运工"吗？

鸟类、蜂类、蝶类、蛾类、蝇类等动物基本会传播花粉，如蜜蜂、蝴蝶、蜂蝇、果蝇、花蝇、蜂鸟、飞蛾等。

故事穿插：死亡的季节

不同的植物，在一年不同的时间里散播花粉，而且花粉的寿命很长。花粉是确定犯罪发生的地点和时间的重要线索，有助于案件的侦破。

1994 年 3 月，在德国马格德堡的施工现场发现了埋葬了 32 具男性尸体的坟墓。这可能是纳粹秘密警察在1945年春天杀害的受害者。这些尸体也可能是苏联秘密警察在1953年夏天杀害的为反对民主德国分裂而起义的苏联士兵。

　　后来在骨骼遗骸的鼻腔中找到了答案。这个时候花粉"华丽登场",因为受害者在死前不久,鼻腔吸入了大量车前草的花粉,以及少量的石灰树和黑麦花粉。这些植物的花都在6月和7月释放花粉,由此可确定这些受害者是苏联秘密警察在1953年夏天杀害的,而不是在春天杀害的。

活动 5—1　花粉检验

目标

通过这一活动,你将能够:

1. 准备花粉的水浸玻片。
2. 在复合显微镜100倍和400倍的放大倍数视野下观察花粉。
3. 记录单个花粉的信息。
4. 确定四条牛仔裤上的花粉与犯罪现场的花粉是否匹配。

完成活动时间

40~60分钟

材料

（每两个学生一组）

1个包含犯罪现场的花粉的微米管,标记为"犯罪现场"(CS)

4个含有花粉的证据微米管,标记为"犯罪嫌疑人1"、"犯罪嫌疑人2"、"犯罪嫌疑人3"、"犯罪嫌疑人4"

微米管海绵"架"

1台复合显微镜

5个显微镜载玻片

5个平木牙签

1小烧杯自来水

滴管或吸管

5个盖玻片

科学探案：破案技术

钳子

记号笔

彩色铅笔（可选）

数码相机（可选）

去除末端的空胶卷筒（可选）

安全措施

1. 你如果对花粉过敏，则应该报告老师，告诉老师过敏的类型和过敏的严重程度。

2. 在每个微米管中，用干净的牙签小心地处理花粉样本。

3. 不要用一个花粉样本去污染另一个花粉样本。

4. 在不同的微米管中禁止使用同一根牙签。

场景

2016年3月的某天，A市郊区的一栋别墅里，从浇过水的花园到某间卧室的窗户之间留有一串足迹。

主人张某回到家，正好看见一个穿着T恤和蓝色牛仔裤的年轻男孩跑过花园，于是怀疑有人对家中实施了盗窃，并迅速拨打了110报警电话。

警察赶到后询问了四位邻居，四位邻居都否认他们在张某家附近看见有人跑过，并均申明他们没有盗窃。

于是为了搜集证据，警察对四位邻居的家进行了搜查，寻找可能在盗窃时穿的蓝色牛仔裤。

警察推测，在犯罪嫌疑人跑过花园时，身上穿着的牛仔裤可能会粘有张某家花园的花粉。于是对四家邻居中找到的四条蓝色牛仔裤进行花粉检验，因为它可以将犯罪嫌疑人与张某家的花园联系到一起。

步骤

第一部分：花粉湿玻片的制备

1. 从"犯罪现场"摘下一朵花，找到花药和花粉或获取含有犯罪现场花粉的微米管。

2. 准备花粉湿玻片：

    a. 将这块湿玻片标记为 CS；

    b. 在玻片上添加一或两滴新鲜的水；

    c. 将牙签的平端放入水滴中湿润牙签；

    d. 用牙签的湿润端接触犯罪现场取得的花的花药以获得花粉粒，如果使用花粉微米管，则把牙签湿润端伸入含有犯罪现场花粉的微米管；

    e. 在水滴中旋转带有花粉的牙签，然后盖上盖玻片。

3. 100 倍显微镜下观察花粉。

4. 将显微镜镜头旋转至 400 倍，观察花粉粒。

5. 在表 5—1 中填写犯罪现场花粉样本数据。

6. （可选）用数码相机和一个开口胶卷筒作为接口，在显微镜下拍摄花粉的数码照片。

第二部分：观察收集自四名犯罪嫌疑人的花粉

1. 用记号笔标记四个不同的玻片：犯罪嫌疑人1、犯罪嫌疑人2、犯罪嫌疑人3、犯罪嫌疑人4。

2. 使用第一部分第 2 和 3 点描述的程序，检查四个花粉样本（犯罪嫌疑人）的湿玻片。

表 5—1　　犯罪现场花粉样本与犯罪嫌疑人的花粉样本对比

样品	犯罪现场	犯罪嫌疑人1	犯罪嫌疑人2	犯罪嫌疑人3	犯罪嫌疑人4
颜色					
形状					

科学探案： 破案技术

续前表

样品	犯罪现场	犯罪嫌疑人1	犯罪嫌疑人2	犯罪嫌疑人3	犯罪嫌疑人4
相对大小					
描述					

问题

1. 嫌疑人的花粉样品与犯罪现场的花粉匹配吗？
2. 用显微镜检查花粉进行比较，证明你对问题1的回答。
3. 假设一名犯罪嫌疑人的花粉与犯罪现场的花粉匹配，辩护律师可以找出什么理由来反驳证据呢？
4. 你能做些什么来提高分析的可靠性？你的回答可以包括比较花粉样本时所使用的器材。

第 6 章　手语

我的问题

- 手印在刑事案件侦查中的作用是什么？
- 手印的哪些特征可用于检验？

主要术语

- 指纹
- 弓形纹
- 箕形纹
- 斗形纹
- 三角
- 手印
- 平面手印
- 立体手印
- 纹线类型

核心技能

- 指纹检验

探索活动

- 一个人十指指纹都相同吗？
- 老师将给你展示一些不同人的十指指纹，请仔细观察。
  1. 观察指纹，有什么明显特征？并简要画出来。
  2. 不同人的同一个手指的指纹，有什么差异？

科学探案： 破案技术

思考

推理
手印可以用来认定嫌疑人吗？为什么？

2015年6月29日，江西省某个村落，天空下着暴雨，35岁的大柱在家中被残忍杀害了，家中一片狼藉。警察接到报警后，迅速对现场进行了细致勘查，在桌上的瓷杯杯壁上获取了一枚带血指纹。由于村内外出打工的人较多，警察只搜集了目前在村内且有作案可能的村民的指纹。

问题
假设你是负责现场勘查的警察，你认为应怎样提取现场血指纹？

如何提取有作案可能的村民的指纹？

如何对所收集到的指纹进行检验？

改造指纹的温克尔

"微笑的格斯"温克尔是个无业流氓，他的人生座右铭是："照顾好温克尔是第一位的。"据说，温克尔是一个油嘴滑舌的人。他的犯罪生涯始于加入美国密苏里州圣路易斯的伊根鼠组织（Eagan's Rats）组织。在20岁的时候，他已经作为一个熟练的窃贼而闻名。在1920年到1926年，他因为使用致命武器进行攻击而受罚，刑满释放后他去了芝加哥北部。温克尔在那里遇到了一些芝加哥最著名的歹徒，如弗莱德"杀手"伯克、艾尔·卡彭、格西·莫兰和罗杰·塔奇，据说他们参与了情人节大屠杀。

在1933年，为了自己的安全，他上交了同伙的证据，关键是返还了从林肯信托银行抢劫的赃物。这种行为使他的朋友感到不安，在当年他被身份不明的袭击者枪杀。温克尔穿着覆盖宝石的衣服，被安葬在价值上万美元的银棺中。温克尔曾试图改变指纹来伪装身份。图6—1是温克尔左手中指指纹改造前后的对比图。

第6章 手语

● 图6—1 温克尔左手中指指纹改造前后

指纹是什么？

看看你的手指表面。它们是光滑的吗？不，所有的手指、脚趾、脚掌、手掌都覆盖有小的脊线。这些相连的凸起的脊线叫摩擦脊线，它们可以帮助我们抓取东西。当这些脊线压在物体上时，留下的印记就是指纹。

指纹的印记由汗腺的分泌物组成，汗腺分布在真皮层上（见图6—2）。这些分泌物主要包含水分、油脂和盐分。日常活动中的灰尘也会混入这些分泌物。每当你触碰东西的时候，这些皮肤褶皱里的独特物质就会留下痕迹。

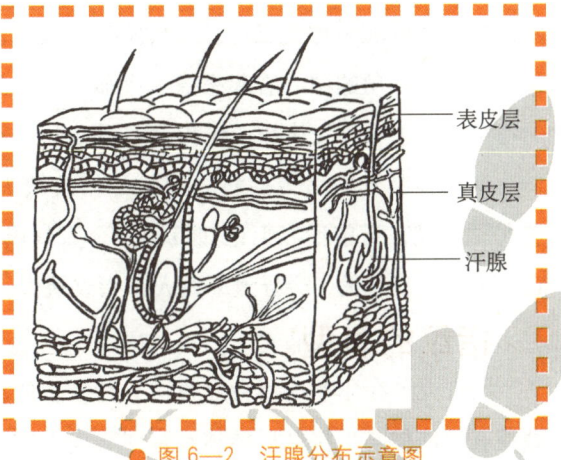

● 图6—2 汗腺分布示意图

指纹的形成

指纹的特性在2 000多年前就被认识了，后来科学家发现指纹实际上是在子宫里形成的。最新的研究表明，纹线类型可能形成于怀孕后的第十周，当时胎儿身长约7.62厘米。身体的许多部位也会形成类似的纹线，如手掌、脚底、嘴唇。指纹的形成发生在基底层，这是表皮内的一个特殊层，在这一层产生新的皮肤细

科学探案： 破案技术

胞。胎儿的基底层生长速度比表皮层和真皮层更快，因此，这一层就会形成不同方向的折叠和覆盖，与另一层皮肤之间形成复杂的形状。

指纹的特征

指纹根据外观特征可分为箕形纹、弓形纹和斗形纹（见图6—3）。大约65%的人有箕形纹，30%的人有斗形纹，5%的人有弓形纹。弓形纹的纹线从指纹的一侧流入，中间上升然后从另一侧流出。斗形纹看起来像个靶心，有两个三角（三角形）。箕形纹从右边或左边流入，然后从同一侧流出。

弓形纹5%　　斗形纹30%　　箕形纹65%

● 图6—3　三种基本纹形在人群中出现的频率不同

法庭科学家在指纹中寻找中心和三角。中心是箕形纹和斗形纹的中心。中心附近的三角区域被称为三角。三角附近的纹线流向将向上高于或向下低于这个三角。有时，三角的中心看起来像一个孤立区。纹线数是另一个用来区分不同指纹的特征。为了计算纹线数，在花纹中心点至三角外角点用一条虚线连接。

有两种罕见的遗传疾病的症状是指纹缺失。一是网状色素性皮病（DPR）。它非常罕见，目前世界上已知只有一个家庭患有该病。二是外胚层发育不良症。它与皮肤疾病有关，会导致一些人的指纹缺失。

指纹的类型

调查人员在犯罪现场会寻找这三种类型的指纹。一是可见手印，是血液、油墨或其他液体与手接触后转移到客体表面上的。二是立体手印，是指留在一些软材料如黏土、腻子或蜡上的压痕。三是潜在手印，是由油或其他身体分泌物在物体表面转移引起的。

> **讨论**
> 指纹可以改变或伪装吗？

当犯罪分子发现指纹是一个可靠的破案证据后，他们开始想方设法改变它们，从而避免被发现。在20世纪30年代，美国的头号公敌约翰·迪林杰（见图6—4）用酸腐蚀的办法来改变指纹，他可能是从古巴菠萝行业的工人没有指纹这个故事中得到启发的。菠萝中一些化学物质溶解了工人的指纹。然而，迪林杰不知道的是，当这些工人不接触菠萝时，他们的指纹就回来了！所以尽管他努力损毁他的指纹，但他作案后，警察仍有办法认定他。

● 图6—4 约翰·迪林杰的通缉海报

指纹作为一种识别的手段有多可靠？

指纹识别是完美的。然而，人在输入和分析信息时却会犯错误。1995年，156个指纹鉴定人员参加了一个测试。至少五分之一的鉴定人员给出了错误的鉴定结论。美国联邦调查局（FBI）基于指纹证据逮捕了俄勒冈州的律师布兰登·梅菲尔德（见图6—5），指纹证据显示他与2004年的马德里火车爆炸案有关，有可能是主要犯罪分子。然后，据梅菲尔德自己陈述，他10年来从来没有离开过美国，并辩驳指纹匹配不是好的匹配方式。但是梅菲尔德依旧被拘留了两个星期，直到西班牙当局告诉联邦调查局，凶手实际上是阿尔及利亚的公民马克。

由于人为操作的不可靠性，指纹鉴定人员保持高标准的能力是非常重要的。

> **科学探案：** 破案技术

对鉴定结果进行双重检查，以防止错误的定罪，有利于维护科学的严谨性和司法的公正性。

● 图 6—5 分析错误的指纹证据导致布兰登·梅菲尔德被错误指控参与马德里火车爆炸案

指纹识别的未来

指纹识别不会很快消失。随着模式识别的新扫描技术和数字系统的发展，指纹扫描精度可以达到 500 至 1 000 点每英寸。扫描出的图像显示了指纹纹线上微小的孔隙特征，从而提供了更好的匹配模式（见图 6—6）。也许，随着时间的推移，指纹识别出错的概率将会为零。

科学研究表明，日常生活中我们接触的物质在我们的手指和手掌上留下痕迹证据，反过来，我们在接触的客体上又留下了手指和手掌的痕迹。苏·吉克尔斯博士研究的是，罪犯可能接触过的任何物质，如炸药、香烟和药物，都可能在皮肤上留下痕迹。识别和研究时，这些微量物质可以告诉我们更多关于指纹遗留者的生活信息，而不仅仅是他们的身份信息。

目前正在开发新技术，使用其他物理特性来识别人，包括眼睛视网膜特征、面部特征和手掌的静脉特征。谁知道未来还会有什么！

第6章 手语

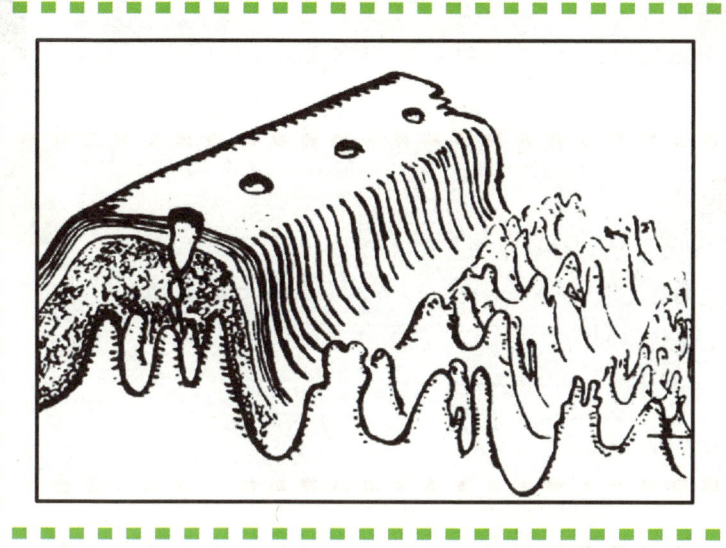

● 图6—6 指纹识别显示了汗孔的图像，汗孔是指纹纹线上的孔洞

讨论
指纹有哪些细节特征？

图6—7列出了指纹的细节特征。在实验室活动中，你将练习识别和匹配指纹所必需的技术，包括分析这些纹线特征。

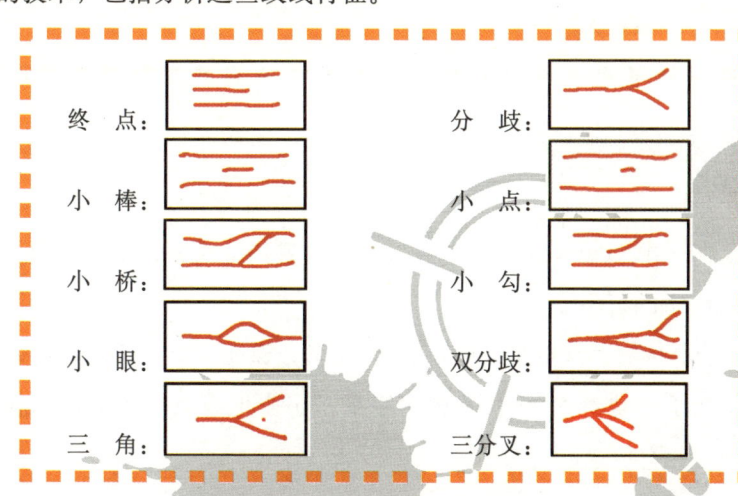

终 点：
小 棒：
小 桥：
小 眼：
三 角：

分 歧：
小 点：
小 勾：
双分歧：
三分叉：

● 图6—7 指纹的细节特征

71

科学探案：破案技术

活动 6—1　研究你的指纹

目标

通过这一活动，你将能够：

1. 识别你的指纹。
2. 比较你的指纹与你同学的指纹。

完成活动时间

40 分钟

材料

8 cm 宽的干净胶带

直尺

铅笔

3 cm × 5 cm 的卡片

放大镜

安全措施

无

步骤

1. 在一排 3 cm × 5 cm 的卡片上，用石墨铅笔头来回滑动，留下一片约 5 cm 宽的石墨带。
2. 将你的右手食指在石墨带上轻轻滚动，保证手指与石墨充分接触。
3. 撕下一块约 5 cm 长的透明胶带，小心地将胶带的黏面贴在手指上。

4. 轻轻剥离胶带。

5. 将胶带黏面贴在下方提供的框中。

6. 用放大镜观察你的指纹。

7. 比较你的指纹与拓印的样本。

8. 确定你的指纹类型是箕形纹、弓形纹还是斗形纹。

弓形纹5%　　　　　斗形纹30%　　　　　箕形纹65%

9. 鉴定你贴在框中的指纹样本的特征类型。

科学探案： 破案技术

哪只手 _____

哪个手指 _____

指纹特征 _____

10. 在班级中收集数据，完成表6—1，计算三种指纹类型中每种指纹类型的学生数量。

表 6—1　　　　　班级中三种指纹类型的统计

	学生数量	班级总人数	所占比例	科学比例
箕形纹				65%
斗形纹				30%
弓形纹				5%

问题

1. 班级中的百分比与由专家给出的值是否一致？用数据解释你的答案。
2. 如何改善这种数据收集方式，以使结果更可靠？
3. "为了得到一个定论，我宁愿有一个良好的指纹，而不是一磅的头发和纤维证据。"你同意还是不同意呢？论证你的观点。

第 7 章　生命的蓝图

我的问题

- DNA 能否用于个人识别？
- 警方是如何利用 DNA 物证的？
- 如何利用 DNA 指纹图谱认定血缘关系？

主要术语

- 基因
- DNA 指纹
- STR（短串联重复序列）
- VNTR（可变数目串联重复序列）

核心技能

- DNA 指纹图谱

探索活动

- 如何绘制一个人的 DNA 指纹图谱？
- 如何利用 DNA 指纹图谱进行个人识别和亲子关系鉴定？

科学探案： 破案技术

思考

推理
如何确定两个人之间的亲子关系？

小李是一名中学生，在他很小的时候，小李的父亲就因车祸去世了。小李和他的母亲张女士，以及其他三个兄弟姐妹一起住在 A 国。暑假期间，他们一家出国旅游。在他们回来的路上，机场的海关工作人员拦住了小李。他们怀疑小李的护照是伪造的，小李因此被禁止踏入 A 国，除非能证明他确实是张女士的儿子。他的父亲已经去世了，因此无法采集到他父亲的血液样本。传统的生物物证技术，例如血型检验，只能用来证明小李和张女士可能有血缘关系，但不能证明是她的儿子。

问题
假如你是法医，你会选择使用什么方法来确定小李和张女士的亲子关系？

为什么能通过该种方法确定亲子关系？

该种方法需要哪些实验材料？要进行怎样的操作？

DNA 的结构与功能

为了理解 DNA 指纹图谱是如何工作的，了解 DNA 的结构与功能很重要。DNA（脱氧核糖核酸）是生命的蓝图，包含了细胞的遗传物质，即包含了细胞进行蛋白质合成和自我复制所需要的信息和指令。遗传信息储存在 DNA 分子中，DNA 分子组成染色体。

你如果分解一个人的染色体，就会发现它由染色质与组蛋白组成，染色质即 DNA 分子。每一个 DNA 分子都是由两条链构成的，这被称为双螺旋结构（见图 7—1）。

● 图 7—1 DNA 双螺旋结构

不同的 DNA 碱基

DNA 有四种不同的碱基：A（腺嘌呤）、C（胞嘧啶）、G（鸟嘌呤）和 T（胸腺嘧啶）。每一个碱基一端与主干的脱氧核糖相连，另一端与另一条链上的一个特定碱基通过微弱的氢键相连。基本的碱基配对原则如下：腺嘌呤（A）只和胸腺嘧啶（T）配对，胞嘧啶（C）只和鸟嘌呤（G）配对。一条链形成后，另一条链就可以根据碱基配对原则补足。例如，如果一条链的碱基顺序是 CGTCTA，那另一条链的顺序就是 GCAGAT。

在大部分人体细胞中有 23 对（共 46 条）染色体，每一对染色体都是一条来自父亲，一条来自母亲。这就意味着，一个人细胞核中的遗传信息一半来自父亲，一半来自母亲。位于染色体中的 DNA 叫作核 DNA，它在人体的所有细胞中都是完全一样的。另一种 DNA 位于细胞的线粒体中，线粒体 DNA 以一种圆环的形式存在，与核 DNA 不同的是，它只遗传自母亲。线粒体 DNA 通过卵细胞的细胞质遗传给后代，精子细胞则不参与这种遗传。

基因与等位基因

每一条染色体都包含很多基因，基因是决定我们血型等遗传性状的 DNA 序列。基因能合成另一种叫作 RNA（核糖核酸）的核酸。等位基因是一个基因两种或多种形式中的一种。例如，一种等位基因控制形成正常的血红蛋白，另一种

科学探案： 破案技术

等位基因就控制形成非正常的血红蛋白。等位基因一半来自母亲，另一半来自父亲。

人类的基因组——细胞中所有的DNA，存在于染色体和线粒体中。染色体上的DNA包含大约30亿个碱基对。染色体上用来合成蛋白质或其他分子的DNA叫作编码DNA。人体细胞核的染色体上有大约23 688组编码基因，每组编码基因平均有3 000个碱基对。这比基因组的1.5%还要少，剩余的超过98.5%的人体基因组是不合成任何蛋白质的非编码DNA。这种非编码DNA又叫作"垃圾DNA"，但是现在这个称呼受到质疑，因为现在新的研究信息表明非编码DNA的一些片段与基因剪接有重要关系。

DNA 个人识别

人的基因组中大部分是相同的，但人与人之间还存在一些不同，科学家能够通过这些不同进行个人识别。大部分不同出现在非编码DNA上，有趣的是大部分非编码DNA是以重复的碱基序列形式出现的。每个人的非编码DNA都有独特的碱基重复序列，并且某种碱基序列可能被重复很多次。在不同个体中，DNA序列有的长度不同，有的碱基排列顺序不同。人类这种DNA序列的多样性叫作DNA多态性（见图7—2）。

● 图7—2 个体的DNA序列（DNA测序结果图）

1984 年，莱斯特大学的亚力克·杰弗里斯博士发现不同人的基因具有多态性。他的实验室研发了一种技术，能够对基因进行提取并分析，叫作 DNA 指纹图谱或 DNA 纹印检测。DNA 指纹图谱在 X 光片上以条带形状显示。当 DNA 指纹图谱用来分析生物物证时，DNA 中可变的区域以条带的形状显示。碱基对的重复顺序不同使形状也不同，从而可用来进行个人识别。因为多态性的数量和位置的不同，每个人的 DNA 都呈现不同的图形。这种 DNA 检测能够帮助法医确定多个 DNA 检材是否来自同一个人，或者个人之间是否有血缘关系。法医主要关注非编码 DNA 上的两种重复序列，一种叫作 VNTR（可变数目串联重复序列），一种叫作 STR（短串联重复序列）。

VNTR

在 DNA 的非编码部分，一些短序列重复了很多次，每个人的重复次数不同。例如，如果重复单位的碱基顺序是 CATACAGAC，某个人的 DNA 上可能重复三次，另一个人就可能重复七次。因为每个人的重复次数不同，所以这种重复的碱基序列叫作可变数目串联重复序列（VNTR）。VNTR 的重复单位长度从 7 到 80 个碱基对不等。

STR

具有高度多态性的 DNA 序列对于 DNA 分析很有价值。STR 的重复单位通常只有 2 到 6 个碱基对，比 VNTR 要短得多。例如，一个 STR 基因的重复单位是 GATA，重复数目就是 GATAGATAGATAGATA。STR 的多态性源自物种所含重复单位的次数。STR 的应用越来越多，因为其准确、短小而用于个人识别，是目前 NDA 鉴定的主流技术。VNTR 的重复单位更长，用于比对的条带也比 STR 更长，这样的长度使得分离 VNTR 序列更加困难。

DNA 物证的提取与保存

如果案件现场出现了一根毛发，那么可以通过毛发中 DNA 的鉴定将嫌疑人与现场联系起来，进而可以侦破案件。因为用作证据的 DNA 样本极其微小，所以在提取、保存和检验时防止污染就显得极为重要。当与案件有关的 DNA 和其他来源的 DNA 混合时，就会发生污染。如果有人对着物证打喷嚏或是咳嗽，又或是在提取物证前触摸了自己的面部，也会污染检材。为了防止 DNA 物证被污染，要做以下预防措施。

科学探案：破案技术

(1) 在提取物证时要戴一次性手套并经常更换。

(2) 用一次性工具转移物证。

(3) 避免接触可能有 DNA 的部位。

(4) 在现场避免说话、打喷嚏和咳嗽。

(5) 在提取、包装检材时避免接触你的脸、鼻子和嘴。

(6) 在包装前将物证晾干。

(7) 将物证放在新的纸袋或信封中。

(8) 如果物证潮湿无法晾干，可以将其冷冻。

在运送和存储的过程中一定要保持检材的干燥和低温，水分对 DNA 物证的存储不利，因为潮湿会促使破坏 DNA 检材的霉菌生长。因此，要避免使用塑料袋存储可能含有 DNA 的物证。阳光直射和高温环境同样对 DNA 有破坏，所以要避免将物证放在阳光下或温度高的地方。

DNA 指纹图谱实验的流程

在对 DNA 样本进行分析和比对之前，要做一些必要的准备工作。以下总结了具体操作过程。

(1) 提取。DNA 指纹图谱实验的第一步就是从细胞核中提取出 DNA。检材为人体组织时，先进行组织匀浆，裂解细胞，然后从细胞核膜、细胞膜和蛋白质等中分离出 DNA。

(2) 酶切片段。在一些 VNTR 分析中，通过限制性内切酶酶切 DNA。限制性内切酶能够识别特定的 DNA 碱基序列并在特定位置酶切 DNA，DNA 被酶切后就形成不同长度的片段。

限制性内切酶就像"分子剪刀"，能够在特定碱基序列处将 DNA 酶切。限制性内切酶通常是由细菌合成用来保护自己不被病毒攻击的。限制性内切酶有很多种，每一种都只能识别一个特定的碱基序列。而且，限制性内切酶能在特定序列的特定位置酶切 DNA。例如，限制性内切酶 Hind III 能够识别 AACGTT，并在两个 A 碱基中间切割 DNA。限制性内切酶把 DNA 切割后，不同长度的片段就形成了。在这些片段中，有一些特定的片段就是 VNTR。在一个样本中有可能用到多个不同的限制性内切酶。在 STR 检测中，限制性内切酶不是必要的。

(3) 扩增。在 VNTR 分析中，一些特定的 DNA 片段通过聚合酶链式反应

(PCR）进行扩增。在 STR 检测中，PCR 技术同样使得有 STR 序列的 DNA 段得以扩增。

（4）电泳。将 DNA 置于琼脂糖凝胶的电泳槽中。当电流通过凝胶时，带负电荷的 DNA 片段会向正极迁移。DNA 片段能通过大小区分开，因为越小的片段移动速度越快。

在这个技术中，凝胶被放置在电泳槽中，然后用微量移液器吸取扩增后的 DNA 样本滴入电泳槽上部。每个槽都含有已知 DNA 长度的溶液，叫作"DNA 阶梯标志"（DNA Ladder）或是 DNA 分子量标准（Standard DNA）。

电流通过凝胶，带负电的 DNA 片段向凝胶末端的正极移动。越小的 DNA 片段从负极移向正极的速度越快，DNA 片段因此能够分离。所有的 DNA 片段都在凝胶中排成一列，最短的片段聚成条带排在最靠近正极的位置，最长的片段聚集成条带排在最靠近负极的位置。

当 DNA 片段在凝胶中完成迁移后，电泳就结束了。通过染色和紫外灯观察即可得到 DNA 指纹图谱（见图 7—3）。

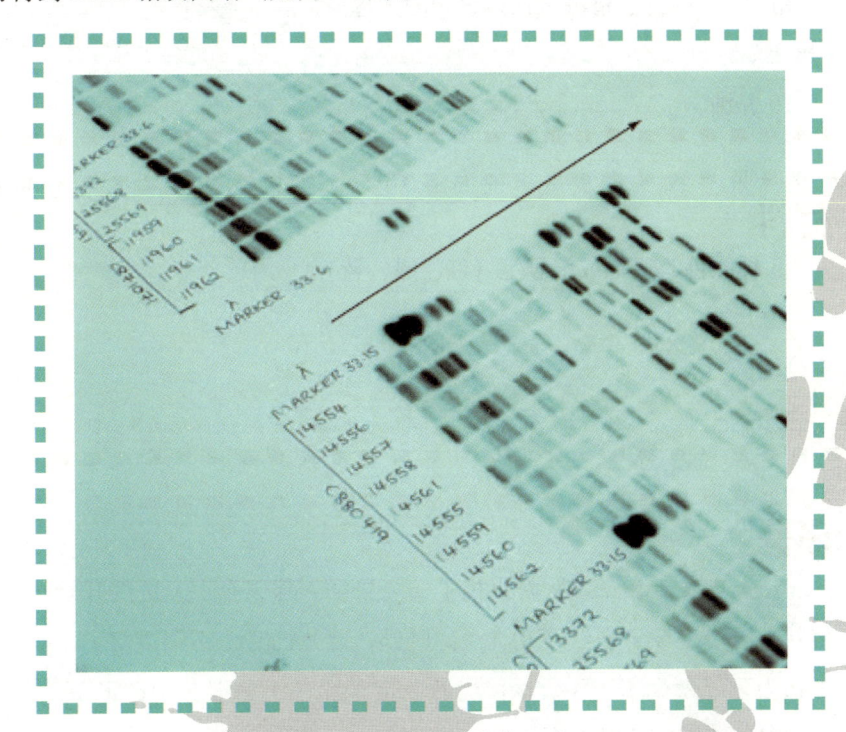

● 图 7—3 DNA 指纹图谱

科学探案： 破案技术

故事穿插： 诺贝尔化学奖获得者凯瑞·穆利斯

20 世纪 80 年代，凯瑞·穆利斯博士因发明了 PCR 技术而获得了诺贝尔化学奖。穆利斯博士定义的 PCR 实验过程被誉为 20 世纪的科学里程碑之一。作为一种 DNA 扩增技术，PCR 可以使一个基因片段在数小时内复制 10 亿次。这项技术在医药学、基因学、生物技术和法医学中有广泛应用。在 PCR 技术出现之前，绘制 DNA 图谱需要大量的 DNA 样本，因而 DNA 技术在实际办案中没有广泛使用。PCR 技术使得基因片段能够在短时间内多次复制，获得大量的基因，大大提高了 DNA 的检出率，使得 DNA 技术在办案中得以广泛使用。

活动 7—1　谁是父母？

目标
通过这个活动，你将能够：
用 DNA 指纹图谱测试认定孩子的父母。

完成活动时间
10 分钟

材料
3 种颜色的铅笔或记号笔（红、绿、蓝）
直尺

安全措施
无

场景
一天早晨，在一家医院出生了三个男婴。那天早上，医院开始使用新的身份手镯。在给婴儿洗澡的时候，婴儿的身份手镯滑落了，护士认为可能发生了混淆。医院为三对父母和三个男婴分别做了 DNA 指纹图谱分析，根据所给的 DNA 指纹图谱，确定婴儿的父母是谁。

第7章 生命的蓝图

步骤

1. 用直尺使婴儿的 DNA 和父母的 DNA 排成一行。确定父母是否和婴儿有相同的 DNA 条带。

2. 找出能和一对父母的 DNA 匹配的婴儿。

3. 用彩色铅笔或记号笔圈出父母和婴儿共有的条带。1号婴儿和父母用红色，2号婴儿和父母用蓝色，3号婴儿和父母用绿色。DNA 指纹图谱分析结果见图 7—4。

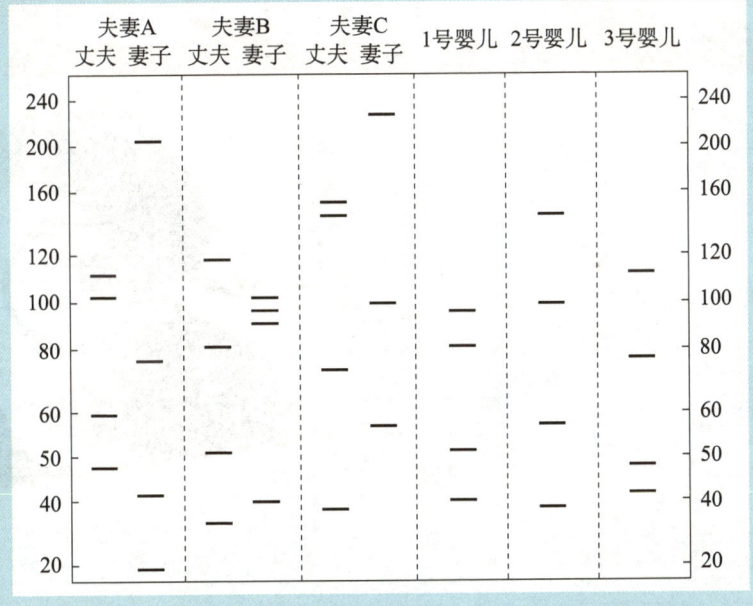

● 图 7—4 三对父母与三个婴儿的 DNA 指纹图谱分析结果

问题

1. 哪个孩子是夫妻 A 的，哪个孩子是夫妻 B 的，哪个孩子是夫妻 C 的？
2. 孩子的某条 DNA 条带是否有可能在母亲的 DNA 条带中找不到？解释原因。

第8章　血液就像一幅画

我的问题

- 血细胞有什么作用？
- 如何确定血液样本的血型？
- 如何进行血迹形态分析？

主要术语

- 凝聚
- 抗体
- 抗体—抗原反应
- 抗原
- 血红细胞
- 卫星血滴

核心技能

- 血液和血迹形态分析

探索活动

- 下面我们一起来学习血液相关知识，并开展血液检测的活动。

1. 你知道自己的血型吗？如何检测一个人的血型？
2. 血型检测对警察侦查破案有何作用？
3. 血液有哪些特点？血液在侦查破案中有哪些作用？

科学探案：破案技术

思考

推理
血液和血迹形态与侦查破案究竟有何关联？

住在 A 小区 5 楼的王大妈在听到楼上公寓里女性的尖叫后，报了警。当警察赶到时，他们发现一名伤痕累累的女性小赵。她的左眼被打肿而无法睁开，上臂多处受伤，在她的椅子后面有明显的血迹。

在警察询问时，小赵说她在上楼梯时从最上面一级台阶摔倒，伤到了她的头。她丈夫小周的手上有一个小伤口，衬衫袖口上有一些血迹。他告诉警察衬衫上的血迹是他妻子的。他解释说，他袖子上的血迹是他帮妻子擦拭伤口时沾上的。

警察对所有物证进行了拍照和记录。

问题
夫妻描述的意外是否和血迹证据相符，即小赵是否从台阶上摔倒？

如果小赵从台阶上摔倒，那么为什么台阶上没有发现血迹？椅子后面的血迹形态显示，血迹是从椅子附近出现然后向墙角移动的。

小周衬衫上的血迹是他妻子的还是他自己的？

小赵的伤是由于摔倒造成的，还是由于她丈夫小周的殴打造成的？

血液的成分

血液由三种细胞红细胞、白细胞和血小板构成，这些细胞悬浮在称为血浆的液体中（见图 8—1）。血浆是一种淡黄色的液体，主要作用是运载血细胞。血浆化学成分中，90% 以上是水，其他 10% 以溶质血浆层为主，并含有抗体、激素、凝血因子，以及葡萄糖、氨基酸、无机盐、矿物质等营养物质。

第8章　血液就像一幅画

血细胞

每种血细胞有不同的功能。红细胞携带呼吸气体，主要是氧气。红细胞中的血红蛋白是一种含铁的蛋白质，它在肺部和氧结合然后将氧输送到人体的各个组织。血红蛋白是红细胞呈红色的原因。白细胞能抵御疾病，与外来入侵物斗争。血小板的作用在于凝血并参与修复受损的血管。

人体有区分自身细胞和外来入侵物的能力，免疫系统通过识别外来的细胞或分子如病毒、细菌等来保护我们的身体。当免疫系统识别到外来入侵分子存在时，白细胞就聚集到入侵物的位置，然后吞噬、消化入侵物。白细胞是唯一有细胞核的血细胞，是唯一能用来做 DNA 指纹图谱的血细胞。

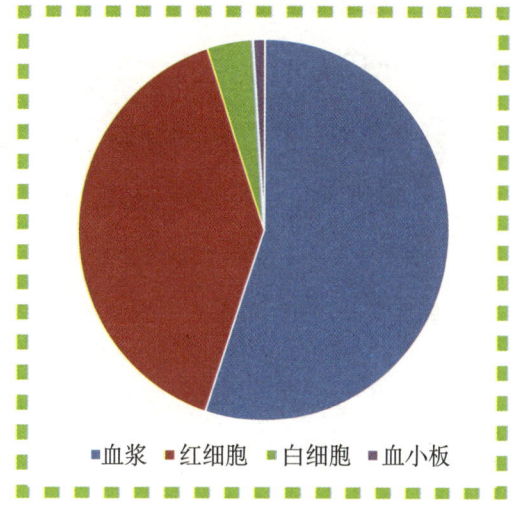

● 图 8—1　血液各成分的含量

血型

血型检测比 DNA 指纹图谱更加快捷、便宜。但是同一种血型的人很多，所以这种证据是作为分类证据使用的，血型匹配并不能认定犯罪。通过检测犯罪现场血迹的血型，可以将嫌疑人与犯罪现场关联起来或是排除嫌疑人。

血型的发现

1900 年，奥地利病理学家卡尔·兰德施泰纳发现一个人的血和另一个的血有时可以融合，有时发生凝集，凝集后造成死亡。红细胞膜上特定蛋白质的种类决定了一个人的血型。1901 年，兰德施泰纳发现了红细胞表面的抗原 A 和抗原 B。

A 蛋白和 B 蛋白

在一些红细胞的表面发现了 A 蛋白和 B 蛋白（见图 8—2）。如果一个人的血液只含有 A 蛋白，那么他就是 A 型血。如果一个人的血液只含有 B 蛋白，那么他就是 B 型血。如果一个人的血液中含有 A 和 B 两种蛋白，那么他就是 AB 型血。一些人的血液既没有 A 蛋白也没有 B 蛋白，这一类叫 O 型血。

科学探案：破案技术

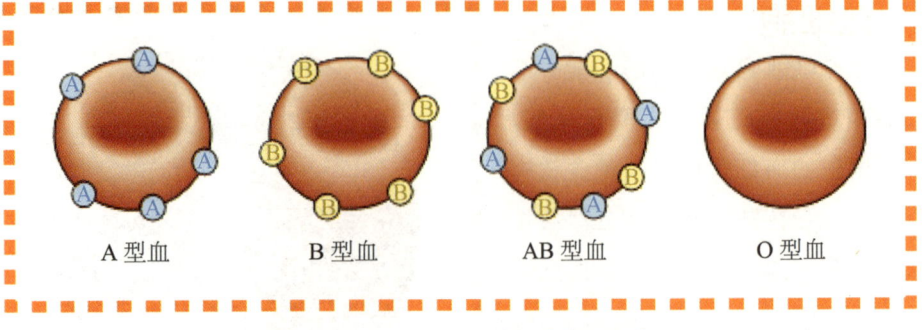

A 型血　　B 型血　　AB 型血　　O 型血

● 图 8—2　ABO 血型的细胞表面蛋白

中国人口中四种血型的比例如下。

(1) O 型（41%）。

(2) A 型（28%）。

(3) B 型（24%）。

(4) AB 型（7%）。

抗体

为了帮助血细胞识别外来物质，白细胞会分泌出抗体。抗体是一种"Y"形的蛋白质，能够和抗原结合。

抗体—抗原反应

当一个外来入侵物被免疫系统识别后，免疫系统就会对其进行攻击。抗原与相应的抗体之间发生特异性的结合，这叫作抗体—抗原反应，白细胞将某物质识别为外来物并试图摧毁它。外来入侵物可能是病毒、细菌或是来自另一种血型的红细胞。

凝集反应

已知的血型蛋白质有 300 多种，每个红细胞上有超过 100 万个蛋白质结合位点。这些蛋白质大部分位于细胞膜表面。当"Y"形抗体的一个臂接触到红细胞时，另一个臂和另一个红细胞结合，就会发生红细胞凝集反应（见图 8—3）。

如果凝集发生在被输血人的循环系统中，血管会被凝集的红细胞阻塞，血液就可能会停止流动。没有血液循环，人体细胞就不能吸入氧气并释放二氧化碳，这时人就会死亡。

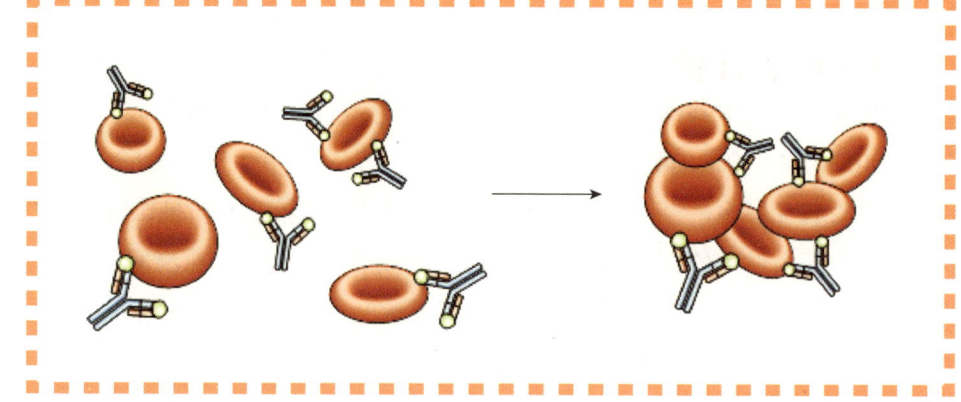

● 图 8—3 抗体对红细胞表面蛋白质的反应会导致细胞凝集

血型测定

当病人需要输血时,首先要测定他的血型以确保输入的血液与病人血液血型一致。人类血型测定主要是检测三种红细胞蛋白质:A、B 和 Rh。

三种测定是分开进行的。将患者的血液和抗体 A 混合,如果患者的血液凝集,就说明患者的血液含有 A 蛋白。如果测试没有反应,就说明患者的血液中不含有 A 蛋白。

B 蛋白和 Rh 因子的检测也与此相似。如果血液在有这些抗体的情况下凝集,就说明血液中含有这些蛋白质。如果没有这些蛋白质,血液就不会发生凝集(见图 8—4)。

● 图 8—4 凝集反应只在两种血液测定中发生(和抗体 B、抗体 Rh 发生凝集),说明此人为 B+ 型血

血迹形态

伤口形成,血液离开机体,就会形成血迹形态。一滴血不能构成血迹形态,而一组血滴就形成了血迹形态。这个形态有助于重建射击、刺伤或是打击等一系

科学探案： 破案技术

列犯罪动作。

血迹形态分析

在刑事科学技术领域中，已知血液的喷溅形态，就可以确定血液的运动方向、撞击的角度和血液的起始位置。

你是否曾经疑惑，为什么血液从伤口滴落后会形成液滴？如果血液是混合物，那么为什么它不在接触地面或物体前在空中分离呢？为什么血滴落在平整物体上时会有一个弯曲的表面而不是平整地展开呢？这些问题的答案和重力、内力、黏附力以及表面张力对血液的作用有关。

血液是血细胞和血浆的黏稠混合物。当一个人受伤流血时，重力作用于血液，使其落向地面（见图 8—5）。一开始，血滴在重力作用下会变得长度比宽度大（见图 8—6）。血液在内力、表面张力的作用下呈紧密结合的状态，这意味着血液倾向于聚集在一起，在下落时就不会分散开（见图 8—7）。

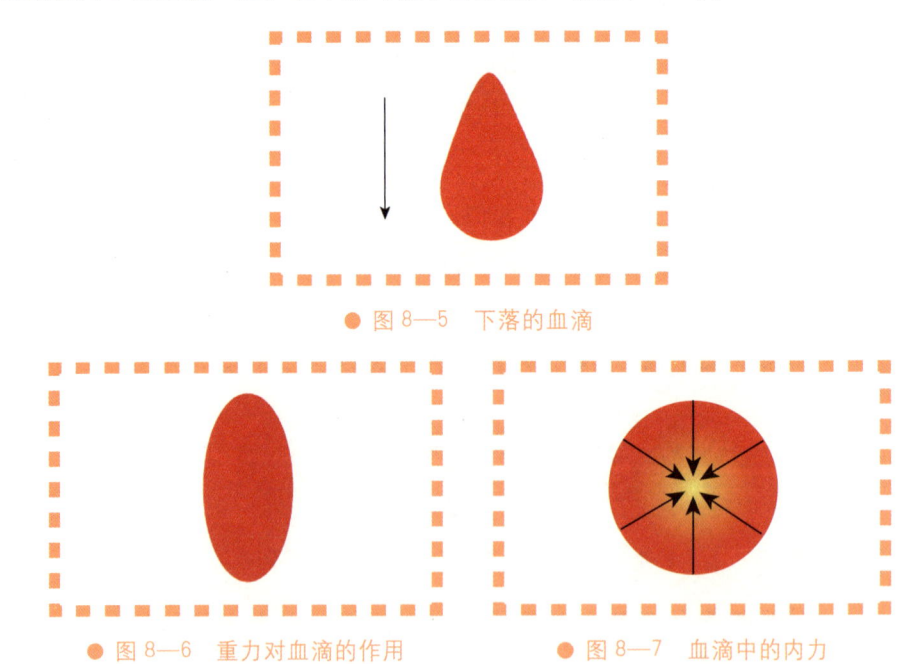

● 图 8—5　下落的血滴

● 图 8—6　重力对血滴的作用　　　● 图 8—7　血滴中的内力

在空中飞行稳定后，血滴受力达到均衡状态，变成完美的球体。

当滴落在平整表面时，血滴并没有完全铺展开（见图 8—8），而是会形成弯曲的表面。原因是血液的内力使得血液聚集在一起不向外展开。因此，血滴表面呈半球形，富有弹性。

● 图 8—8 内力使血滴不向外扩散

如果有部分血液克服了这种内力从血滴中分离出来，它就会形成小的二次滴落血迹，称为卫星血滴（见图 8—9）。

● 图 8—9 卫星血滴

如果血液滴落在光滑表面如玻璃或大理石上，血滴的边缘则光滑圆润。但是，如果血液滴落在渗透性客体的表面如木头或墙上，血滴的边缘就会形成凸出小尖状（见图 8—10）。注意尖状形态和主血滴相连，而不像卫星血滴那样完全分开。

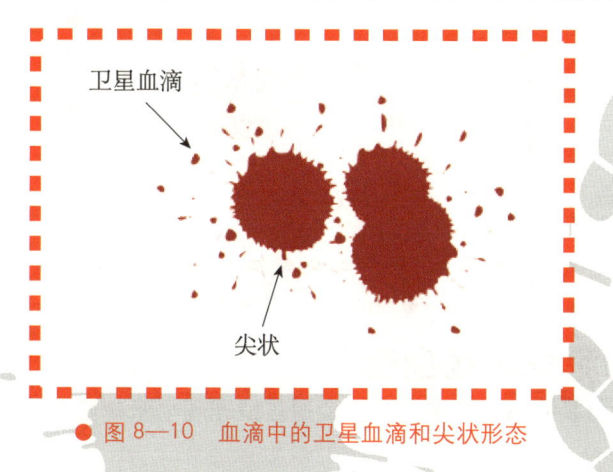

● 图 8—10 血滴中的卫星血滴和尖状形态

科学探案： 破案技术

血滴飞行方向的检验

单个血滴的形状可以为判断血滴运动的方向提供线索。一个圆形的血滴（宽度和长度相等）说明血液是垂直滴落的。这是典型的被动形成的血迹（没有任何外力），是血液从伤口滴落的典型形态。

当血迹形态细长时（长度大于宽度），就可以确定血滴接触表面时的运动方向。

当运动中的血滴接触表面时，若干力作用于血滴（见图8—11）。这些力有凝聚力、黏附力和表面张力。凝聚力是两个相似物体间的作用力，黏附力是不同表面物体间的作用力例如血液和墙面，表面张力是液滴表面分子间引力导致的使液滴表面积缩小的力。

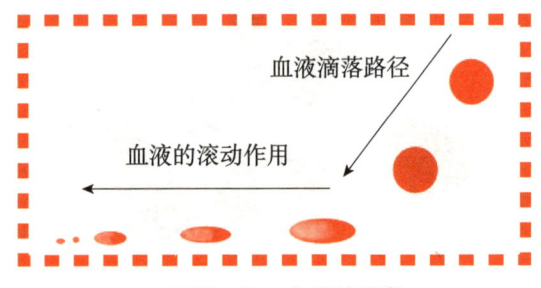

● 图8—11 血滴的溅落

在另一物体表面上，惯性使血滴保持原有运动方向，在它位移时，一些血液就附着到新的地方。在血液位移过程中，血滴会被拉长形成一个细细的尾巴一样的形态，尾巴的指向就是血滴的运动方向。卫星血迹是由从主血滴中分离出来的小血滴形成的（见图8—12）。

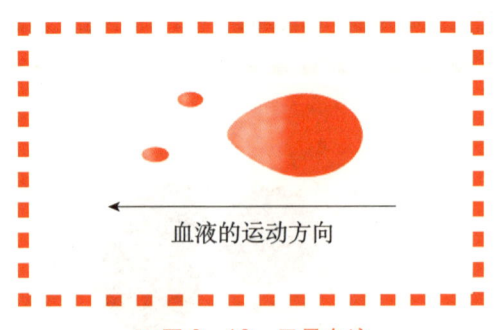

● 图8—12 卫星血滴

血迹的犯罪现场勘查

为了隐藏犯罪证据，作案人可能会通过清理现场来抹除血迹证据。虽然在对墙面和地板进行彻底清洁后房间可能看起来很整洁，但是血液证据仍然存在。红细胞含有血红蛋白，一种含铁的输氧蛋白质。为了检验血红蛋白，勘查员将鲁米诺粉和双氧水（过氧化氢溶液）在喷雾瓶中混合，然后喷洒在指定区域检验血迹。血红蛋白中的铁作为催化剂，会加速过氧化氢和鲁米诺的反应。随着反应的进行，血液样本表面会产生大约30秒的光。

鲁米诺还可以用来在黑暗的房间或是夜里检验血迹。即使是经过彻底清扫，也很难清除血液的残留。即使是清洁之后，微量的血迹也可能附着在客体表面好几年。

找到血迹之后，处理血迹要好几步，每一步都能提供不同的重要信息。

（1）确定痕迹是血。

（2）确定血液是人类的。

（3）确定血型。

有关血迹的进一步检验，如DNA检验，都要在专业的实验室中进行。

活动 8—1　血型检验

目标

通过本次活动，你将能够：

1. 进行模拟的血迹检验。

2. 简述血迹检验的步骤。

3. 分析不同的血迹检验结果来确定嫌疑人的血型。

4. 说明如何用血迹检验结果来确定某人是否和犯罪现场的血迹有关。

5. 描述红细胞凝集的过程。

6. 描述进行血型检测时的抗原—抗体反应。

7. 说明血型检验在法医学中的作用。

完成活动时间

45分钟

科学探案： 破案技术

材料

（每三名学生一组）

活动表格

病房用试剂盒或相似的人工血型检验试剂，包括：

    模拟人类血型

    ABO 血型和 Rh 血型的抗体

六个空的滴定板

标有"生物学垃圾"的塑料袋或纸杯

10% 的漂白粉溶液置于喷雾瓶中

纸巾

乳胶或丁腈手套

记号笔

红色铅笔

牙签

安全事项

将人工血迹当作真实血迹进行操作来练习实验步骤。洒出的血液要用 10% 的漂白粉溶液清洁。将所有废弃物放入标有"生物学垃圾"的容器中。戴上一次性手套。如果有学生对乳胶过敏，可以换另一种手套，如丁腈手套。学生要防止漂白粉溶液洒落在他们身上或衣服上，漂白粉能刺激皮肤和眼睛并很快使衣服褪色。

场景

血型检验是破案的常用工具。它能够使检验人员将嫌疑人和现场匹配或排除。为了检测血液蛋白的存在，你将分别向血滴中滴加特定的抗体来确定是否发生凝集。

第 8 章 血液就像一幅画

步骤

1. 获取六个三孔滴定板。
2. 将滴定板放置在干净的白纸上。
3. 将血液提供者的名字写在滴定板的左上角。
4. 戴上手套。
5. 向标有嫌疑人 1 的滴定板上的每个孔内滴加两滴血。
6. 对标有嫌疑人 2、3、4，犯罪现场和受害人的滴定板重复上述过程。
7. 向所有标有 A 的六个孔内滴加两滴抗 A 血清。
8. 向所有标有 B 的六个孔内滴加两滴抗 B 血清。
9. 向所有标有 Rh 的六个孔内滴加两滴抗 Rh 血清。
10. 前后上下轻轻摇晃每个滴定板（注意不要让一个孔内的血液进入另一个孔）。你也可以用牙签来帮助进行混合。每一个孔都要使用新的牙签。你共需 18 根牙签。
11. 等待 5 分钟来让反应进行。
12. 观察血液样本，当使用人工血液时：

     a. 出现浑浊不透明的、黏稠的混合物，说明血型蛋白存在。

     b. 出现清洁的混合物，说明血型蛋白不存在。
13. 在下面记录你的数据，包括嫌疑人的姓名和血型。

嫌疑人1	嫌疑人2	嫌疑人3
A B Rh	A B Rh	A B Rh
血型：_____	血型：_____	血型：_____
姓名：_____	姓名：_____	姓名：_____

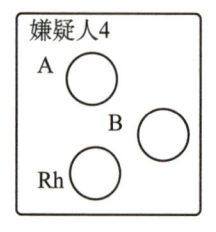

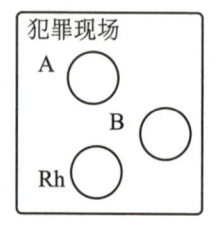

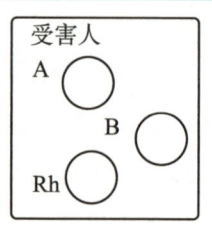

科学探案： 破案技术

嫌疑人4	犯罪现场	受害人
A ○ B ○ Rh ○	A ○ B ○ Rh ○	A ○ B ○ Rh ○
血型：_____	血型：_____	血型：_____
姓名：_____	姓名：_____	姓名：_____

14．如果有反应（说明有血型蛋白存在），则将孔用红笔涂色。如果没有反应，则说明没有血型蛋白，就把孔留白。

15．将所有废弃物放入指导老师提供的生物学垃圾容器中。

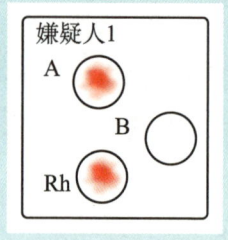

嫌疑人1
A ●（红） B ○ Rh ●（红）

问题

1. 解释在确定犯罪现场的血迹是否属于某人时，为什么要检验受害者的血型。
2. 在这次实验活动中，一共检验了多少种不同的血型蛋白？
3. 列出在本次活动中检验的所有血型蛋白。
4. 能否根据血型排除嫌疑人？说明理由。
5. 根据你的结果，犯罪现场的血液和哪一个嫌疑人的血型匹配？说明理由。
6. 如果一个嫌疑人的血型和犯罪现场的血型匹配，是否说明嫌疑人有罪？说明理由。

第 9 章 "毒—药"

我的问题

- 如何鉴别五种管制药品?
- 过量服用某种药物或毒素会出现什么症状?
- 不同种类的毒素在致死中发挥什么作用?
- 毒理学的目的和作用是什么?

主要术语

- 管制药品
- 药物
- 镇静剂
- 毒物
- 毒性
- 毒素

核心技能

- 毒物毒品分析

探索活动

- 回忆一下你服用过的药品,它们的主要作用是什么?服用后身体有何反应?你是否记得它们的主要成分?服用时的注意事项是什么?

科学探案：破案技术

思考

推理
毒物毒品分析能为侦查破案提供什么帮助？

公元前399年，哲学家苏格拉底被雅典的一个人民法庭判处死刑。苏格拉底在行刑之时，毫无畏惧地饮下一杯由"毒堇"制成的毒药，然后毒性从腿部开始发作，逐渐向上蔓延。当毒性到达胸口之时，这颗伟大的心脏便停止了跳动。据后世考证，毒死苏格拉底的"毒堇"是生长在欧洲的"毒参"，该植物中含有的毒芹碱有剧毒，只需0.2克就可致人死亡。本章我们将学习毒物与药物的相关知识。

问题
常见的毒物有哪些？它们为什么会致人死亡？

简介
毒理学是研究毒物、鉴定药物和可能用于医疗、娱乐或犯罪目的的其他物质的学科。毒理学也检验毒物和药物对人体的有害作用。

物质的毒性取决于很多因素：剂量（摄入或吸收的量）、持续时间（与毒物接触的频率和时间）、接触方法（注射、口服、吸入或是通过皮肤吸收）和其他因素，如药物和毒素是否和体内的其他物质反应。

法医毒理学通过化学实验分析体液、胃内容物、皮肤、头发可以确认接触的药物和毒素。在致死案件中，一般检验血、尿以及人体组织，如肝脏和眼睛的玻璃液。

除了药物可能有毒，有毒物质还包括重金属、有机溶剂、蒸汽、射线及放射性物质、农药和动植物毒素。

投毒
虽然毒药在侦探小说中很流行，但事实上，这并不是一种常见的谋杀形式。

历史上，一些名人死于毒药：纳粹领导人海因里希·希姆莱和赫尔曼·戈林死于服用氰化物。现在，常用的毒物主要包括砷、氰化物和士的宁等，还有用于其他用途的化工品如肥料。

检测一系列可能的毒素对于毒理学家是一个挑战。毒理学家必须区分急性中毒和慢性中毒。急性中毒是在短时间内由大剂量毒物引起的，例如氰化物中毒，立马就能出现症状。慢性中毒是在长时间内由小剂量导致，逐步出现症状。汞和铅中毒属于慢性中毒，经过长时间的暴露，随着金属浓度在受害者体内缓慢上升，富集到有毒水平，中毒症状也慢慢出现。

意外药物过量

因药物过量而意外死亡比投毒更加常见，2009年著名的流行歌手迈克尔·杰克逊就是因为被医生意外注射过量的镇静剂而死亡。

管制药品

管制药品有五种：(1) 致幻剂；(2) 麻醉剂；(3) 兴奋剂；(4) 合成代谢类固醇；(5) 镇静剂。

致幻剂

致幻剂往往来源于植物，影响使用者的感知、思维、意识、情感。来源于植物的致幻剂包括来自仙人掌的麦司卡林、大麻和某些菌类的提取物。LSD、MDMA（摇头丸）和PCP（天使粉）等致幻剂是人工合成的。

LSD于1938年首次在生长于黑麦等谷物上的真菌中被发现，它是最有效的促使情绪变化的药物之一。它无嗅无味无色，以片剂或是分成小块的吸水纸的形式售卖。PCP一开始是作为麻醉药的，但它因有致幻作用而不再被使用。在非法药品市场，PCP以多种形式售卖：可能是纯白色晶体状粉末、片剂或是胶囊。它可以鼻吸、吞服或是注射。麦司卡林以胶囊或片剂被吸食或吞服。

麻醉剂

麻醉剂通过抑制中枢神经系统传递疼痛的能力来减少疼痛。麻醉剂包括鸦片和它的衍生物——海洛因和可待因。这些麻醉剂很容易上瘾。氢可酮（镇痛药）、美沙酮（多罗芬）、吗啡（美施康定）、羟考酮（氢考酮）和含有可待因的麻醉剂，是经常被滥用的人造麻醉镇痛药。

科学探案： 破案技术

兴奋剂

兴奋剂能增加感觉和警觉性并抑制食欲。药物效果的消失经常导致抑郁。它们有时也被滥用来提高耐力和生产力。兴奋剂包括苯丙胺、甲基苯丙胺和可卡因（包括克拉克），它们都具有使人高度兴奋的作用。甲基苯丙胺和苯丙胺的主要区别是甲基苯丙胺比苯丙胺更有效。

合成代谢类固醇

合成代谢类固醇能促进细胞和组织的生长和分裂。这些药物在实验室中产生，和男性性激素睾酮有相似的化学结构。合成代谢类固醇最初用于治疗性腺机能减退。在20世纪30年代，它们在举重和健美中流行，因为它们能促进肌肉和骨骼的生长。合成代谢类固醇的副作用有重有轻，轻的有痤疮、体毛增多和脱发，重的有导致高血压和高胆固醇等。

镇静剂

镇静剂是一种能缓解焦虑促进睡眠的药物，例如巴比妥类药物、苯二氮卓类药物。镇静剂通过作用于神经系统，增加神经递质GABA的活性来降低身体机能，如心率。增加GABA活性的结果是嗜睡和大脑活动减缓，服用者变得很平静，所以这些药物常被用来缓解紧张，促进睡眠。镇静剂的副作用包括导致言语不清、丧失协调能力和导致类似于酒精中毒的状态。过量服用可能减慢心率和呼吸，导致昏迷和死亡。

其他有机毒物

有机毒物是由活的生物体产生的有毒物质，它们通常是可以被其他生物吸收的蛋白质，会干扰有机体的代谢。毒物一般通过肠道或皮肤进入机体。蜂毒和蛇毒（见图9—1）就是很好的例子。

● 图9—1 蛇毒可能致命

酒精

所有醇类都对身体有害。甲醇的毒性不是直接的，但当它被肝脏转化为甲醛时，就有很强的毒性了。酒精即乙醇，在很多饮料中的酒精是粮食酒精，是由水果、谷物和蔬菜中的糖发酵产生的。纯酒精能破坏人体的组织。

身体会将乙醇转化为乙醛和乙酸，但当太多的乙醛累积在血液中时，就可能产生脱水和宿醉、头痛、恶心的症状。慢性酒精滥用可能导致肝脏受损和其他危险行为。饮酒也会抑制中枢神经系统。

细菌毒素

肉毒杆菌是人类已知的毒性最强的物质之一。它是由梭状芽孢杆菌产生的神经毒素，能阻断神经递质乙酰胆碱的释放从而使肌肉麻痹。极少量的肉毒杆菌就能导致痛苦的痉挛并致人死亡。这种毒素的摄入途径可能是受污染的食品，如蔬菜罐头、腊肉、火腿、熏肉或生鱼、蜂蜜或糖浆等。摄入肉毒杆菌如果发现得早，可以使用从马血清中提取的抗毒素来治疗。人们也因为误食含有毒素的细菌孢子而中毒。含有毒素的孢子对热敏感，可以通过在 80 摄氏度下加热 10 分钟以上彻底破坏。纯化的 A 型肉毒毒素（有时被称为"肉毒杆菌"）已安全地用于治疗肌肉痉挛、过度出汗、头痛，以及促进伤口愈合等。

破伤风杆菌是能引起破伤风的细菌，细菌释放的破伤风毒素，能阻止神经信号从脊髓传到肌肉，引起肌肉撕裂和骨骼的严重痉挛。破伤风有时被称为"牙关紧闭症"，因为痉挛通常发生在下巴并且会妨碍呼吸。这是一种致命的神经系统疾病，在世界范围内，每年发病约 100 万例。

农药和重金属

农药已被广泛用于控制妨害植物尤其是粮食作物的昆虫、小鼠、杂草、真菌、细菌和病毒等危害。根据定义，农药有毒，可引起严重的疾病，甚至导致死亡。因为度量毒性的标准之一是暴露时间，所以时间是识别农药中毒的重点。

金属，如砷、铅和汞是有毒的，常被用于自杀和谋杀。金属可能通过口服、吸入或皮肤、黏膜吸收进入人体。金属在软组织中储存，并可能破坏人体的许多组织。

其他致命物质还包括气体，如氰化氢（用于毒气室）、一氧化碳（汽车尾气成分之一）等。这些毒物通过抑制酶的活性，干扰三磷腺苷（ATP）的生产造成死亡。

农药和重金属服用过量后产生的症状如表 9—1 所示。

科学探案：破案技术

表 9—1　　　　　　　　　农药和重金属服用过量症状

毒物	服用过量症状
农药	含磷酸盐的农药在脂肪组织中累积，抑制胆碱酯酶，导致乙酰胆碱过剩，从而妨碍神经冲动的传导和肌肉收缩。可引起焦虑，惊厥，抽搐，心跳加快，虚弱，出汗，流涎，腹泻，流泪，昏迷，死亡。
铅	恶心，腹痛，失眠，头痛，体重下降，便秘，贫血，肾有问题，呕吐，惊厥，昏迷，死亡，牙龈线变成蓝色。
汞	疯帽匠的疾病（在英格兰帽子制造商使用汞化合物）是一种随着汞被吸收到皮肤或肺部的渐进性疾病。吸入后的急性中毒可导致流感样症状，如肌肉疼痛和胃部不适。慢性中毒引起烦躁，性格改变，头痛，记忆力和平衡问题，腹痛、恶心、呕吐，以及过度流涎，牙龈、口腔和牙齿损伤。长期接触可导致死亡。
砷	在摄入后 30 分钟产生腹痛，严重的恶心、呕吐和腹泻，喉咙干燥，说话困难，肌肉痉挛，抽搐，昏迷，肾衰竭，死亡。

生化药剂

炭疽病是由形成内生孢子的炭疽杆菌引起的，图 9—2 是显微镜下的炭疽杆菌。孢子是厚壁细胞，可以在有利情况下生长。受感染的动物可以通过孢子将疾病传染给人类，但是没有关于人类向人类传播的报道。炭疽杆菌可以通过吸入、口服或皮肤吸收进入人体。表 9—2 列出了炭疽病的感染方式和症状。

● 图 9—2　显微镜下的炭疽杆菌

第9章 "毒—药"

表 9—2　　　　　　　　炭疽病的感染方式和症状

感染方式	症状
吸入	最初产生类似流感的症状，如喉咙疼痛、咳嗽、发烧、肌肉酸痛。症状日益恶化后会出现呼吸问题，通常会导致死亡。
口服	恶心，呕吐，发烧，腹痛，腹泻，严重的肠炭疽病有 25%～60% 的致死率。
皮肤吸收	发痒，并出现像蚊虫叮咬的中间发黑的不痛区域。20% 的未处理病例会死亡，经过适当治疗则很少发生死亡。

2001 年美国 "9·11" 事件之后，炭疽病通过信封在美国传染，造成 22 人感染，5 人死亡。

活动 9—1　药物分析

目标

通过这一活动，你将能够：

1. 为药品检测建立阳性对照。
2. 建立阴性对照。
3. 了解两个对照组的重要性。
4. 说明药物检测中阳性和阴性对照的作用。
5. 进行模拟药物检测。
6. 确定饮料中是否含有酒精。

完成活动时间

45 分钟

简介

药物的阳性鉴定需要将已知样本和未知样本比对。在本次活动中，学生将准备已知毒物样本（阳性对照，一个已知材料的样本，用化学指

科学探案： 破案技术

示剂来显示其与已知材料的反应。阳性对照反应用于和任何未知样品的反应比较）和不含毒的空白样本（阴性对照，不含有测试药品的样本，因此应该产生一个负面测试）。阳性和阴性对照将用于药物的比对和鉴定。在生活中，交警经常使用呼吸仪测定驾驶员是否饮酒，那么呼吸仪的原理是什么呢？

材料

（每两名学生一组）

3 个干净的试管

记号笔

阳性对照组：含有酒精的饮料

阴性对照组：不含酒精的饮料

现场饮料

3 个物证袋

重铬酸钾溶液

10 毫升量筒或 5 毫升吸管

硫酸溶液

胶带

场景

现场的某饮料中有酒精气味，如何确定该饮料中确实含有酒精？刑事技术人员在现场提取了该瓶饮料，将其送至实验室进行检验。

你的任务是检验饮料中是否含有酒精，并将你的结果报告给警方。

步骤

1. 在第一个试管上标记阴性对照组。
2. 在第二个试管上标记阳性对照组。
3. 在第三个试管上标记现场饮料。
4. 用吸管吸取阳性对照组溶液加入标记为阳性对照组的试管中。
5. 用吸管吸取阴性对照组溶液加入标记为阴性对照组的试管中。
6. 用吸管吸取现场饮料加入标记为现场饮料的试管中。
7. 向阴性对照组的试管中加入适量的重铬酸钾溶液和硫酸溶液。
8. 向阳性对照组的试管中加入适量的重铬酸钾溶液和硫酸溶液。
9. 向现场饮料的试管中加入适量的重铬酸钾溶液和硫酸溶液。
10. 观察并在表9—3中记录三组样本的颜色变化。

表9—3　　　　　　　三组样本的颜色比对

样本	溶液现象
阳性对照组	
阴性对照组	
现场饮料	

问题

1. 阐明阳性和阴性对照组的作用。
2. 你采取了什么措施来避免药物样本的污染？
3. 现场饮料中是否含有酒精？为什么？
4. 假如一节课上的所有学生都比较了他们的结果，但有一组有不同的结果，确定三个可能导致结果差异的技术原因。

第10章 解码！笔下的犯罪

? 我的问题

- 文书检验是什么？案件中有哪些材料涉及文书检验？
- 钞票检验属于文书检验吗？
- 每个人的笔迹有何不同呢？

主要术语

- 文书检验
- 笔迹鉴定
- 伪装笔迹

核心技能

- 笔迹鉴定

探索活动

- 通过笔迹能识别犯罪嫌疑人吗？
- 给你一张写有几个人签名的纸：
  1. 选择一个在多数签名中出现的笔画，这个笔画在不同签名中形状相同吗？如果不同，请你描述观察到的区别。
  2. 在同一个签名中相同笔画的形状是否相同？
- 比较两枚文字内容相同的印章的异同。

科学探案：破案技术

思考

推理

笔迹破案，你认为可能吗？

弗兰克·阿巴内尔，是美国的一位安全顾问、联邦调查局的研究员和外地办事处的顾问与讲师，但也曾是许多国家通缉的要犯。他在20世纪60年代先后冒充过飞机驾驶员、儿科医生等，用各种手段如伪造各种签名诈骗了250万美金，21岁前便成为许多国家通缉的要犯，被称为"美国大盗"。自1974年出狱以后，他协助联邦调查局抓获了一大批金融骗术高手，并为银行等设计防伪支票。

● 图10—1 《猫鼠游戏》

1980年，阿巴内尔出版了自传《我知道你是谁》，描述了他的诈骗经历。他是"20世纪最非凡的骗子"，也是电影《猫鼠游戏》（见图10—1）的原型人物。

问题

"美国大盗"实施诈骗数年，警察是如何破案的呢？如果是你碰到了这么棘手的案子，结合你前面学到的知识，你会怎么做呢？

文书检验

英国侦探小说家阿瑟·柯南·道尔笔下的福尔摩斯系列破案故事风靡全球，吸引了广大读者。福尔摩斯这一形象家喻户晓，其中《血字的研究》、《四签名》精彩绝伦。《四签名》讲述了英国贵妇玛丽·摩斯坦在父亲失踪后，每年都会收到一个匿名包裹，原来其中牵涉到一个密谋。故事中包含的破案原理——文书检验，正是本章的重点。

文书检验包括笔迹检验以及文书物质材料的检验，是警察对于与案件有关的所有文书进行勘察、分析、识别、鉴定，以及对文书情报资料进行搜集、储存、查对等各项活动的总称。

文书检验对象不只包含我们所熟悉的笔迹，还包含跟案件相关的其他文件，比如"美国大盗"案件中的美金、支票、驾驶证、医生从业资格证等，这些都是警察破案的关键。

问题
结合日常生活，你还可以举出哪些检验对象呢？印章？合同？身份证？

笔迹

2010年2月，有人往张某家里寄了一个包裹，张某的妻子以为是生日礼物便打开了包裹。结果发生了爆炸，张某的妻子当场死亡，张某受伤。之前王某因欠钱未还与张某发生过争吵，于是成为嫌疑人物。

警察让王某模拟犯罪现场以获取王某的笔迹。通过比对分析包裹包装上的笔迹，警察得出结论：王某的笔迹与包装上的笔迹是同一人书写的。其中，大量出现的汉字、拼音书写错误和其独有的韩文书写习惯暴露了犯罪人是韩国人。王某是该地区唯一的韩国人，住在距离张某家不到6.5公里的地方，并在其家中找到不少制作炸药剩下的物质，最终王某被绳之以法。

问题
笔迹是什么呢？它如果可以破案，又是如何帮助警察破案的呢？

笔迹是人们在书写、绘画或涂鸦时留下来的痕迹。从开始学习写字，到不断练习形成自己固有的书写习惯，每个人都有着自己独特的书写特征。与由遗传特性决定的人各不同且终生基本不变的指纹不同的是，笔迹在不同年龄阶段存在着一定的差异。如何在差异中寻找特征，辨别笔迹是否出自同一人之手，下一步将进行解码。

科学探案： 破案技术

笔迹特征是指个人书写笔迹表现出来的特点，从宏观的角度来说，笔迹特征包括笔迹与笔迹之间的距离、笔迹是否潦草、笔迹所在的位置、书写快慢等内容；从微观细节来说，笔迹特征包括起笔、收笔、连笔（见图10—2）、停顿（见图10—3）、是否伪装等方面。

● 图10—2　连笔 　　　　　　　　　　● 图10—3　停顿

伪装笔迹是书写人通过改变、伪造自己的笔迹或模仿他人的笔迹来掩盖自己的笔迹而得到的。

伪装方式包括临摹（见图10—4）、描摹（见图10—5）、用左手书写（见活动10—1）等。

● 图10—4　临摹 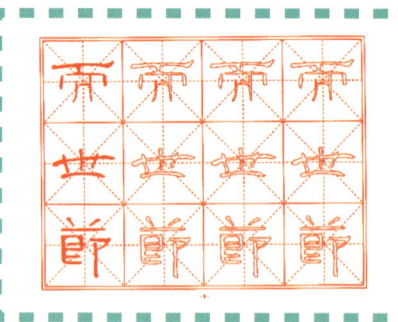　　　　　　　　　　● 图10—5　描摹

拓展

临摹笔迹与描摹笔迹的区别在于：临摹笔迹是指看着别人的笔迹，自己去模仿；描摹笔迹是指直接用笔在字帖上描画。

笔迹鉴定

仔细观察图10—6、图10—7，分析这两张图中各自的文字有何异同。

样本1　　样本2　　样本3　　样本4

● 图10—6　四个"是"字是否为同一人所书写

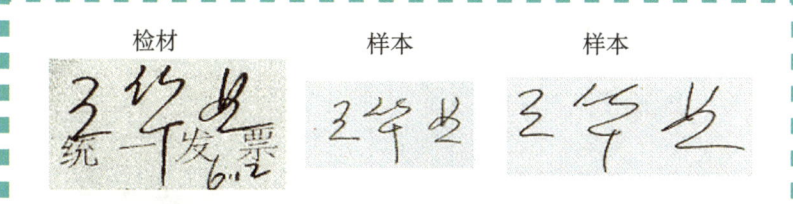

检材　　　　样本　　　　样本

● 图10—7　三个"王华业"是否为同一人所书写

问题

简简单单的笔迹到底如何鉴定呢？警察还可以利用哪些先进设备进行笔迹鉴定呢？

笔迹鉴定是一项充满奥妙的系统工程，任何一份等待分析鉴定的笔迹检材，对于笔迹专家来说都是一个新的课题、一个等待破解的谜。笔迹鉴定根据每个人在一段时间内所固有的书写习惯（反映在书写的字迹与绘画中），通过比较笔迹特征的异同，寻找犯罪分子。

如图10—6、图10—7所示，四个"是"字的书写特征有着本质的差别。三个"王华业"的书写虽存在着一定的差异，但是本质基本相同。

（1）外观形态比对。从字体结构来说，"是"字为上下结构，四个"是"字的上半部分与下半部分的间距不同；从字迹工整程度来说，最后一个"是"与前

科学探案：破案技术

三个完全不同，而三个"王华业"基本相同。

（2）笔画特征比对。从开始动笔、结束书写两个动作来看，四个"是"字的结束笔画存在本质差异；从两个笔画的连接与否来说，三个"华"字的连笔流畅，形态基本相同。

由此，初步证明四个"是"字非同一人书写，三个"王华业"为同一人书写，不过，仍需下一步验证解码！

笔迹鉴定以前依赖于人的肉眼、手持透镜或显微镜。然而，今天先进的技术给笔迹检验提供了更多的支持。

红外光谱仪（见图10—8）可确定是否对笔迹进行过改写、添写，能识别是否有两种或者多种油墨水。这是因为不同的油墨在红外线的照射下，呈现出不同的效果。

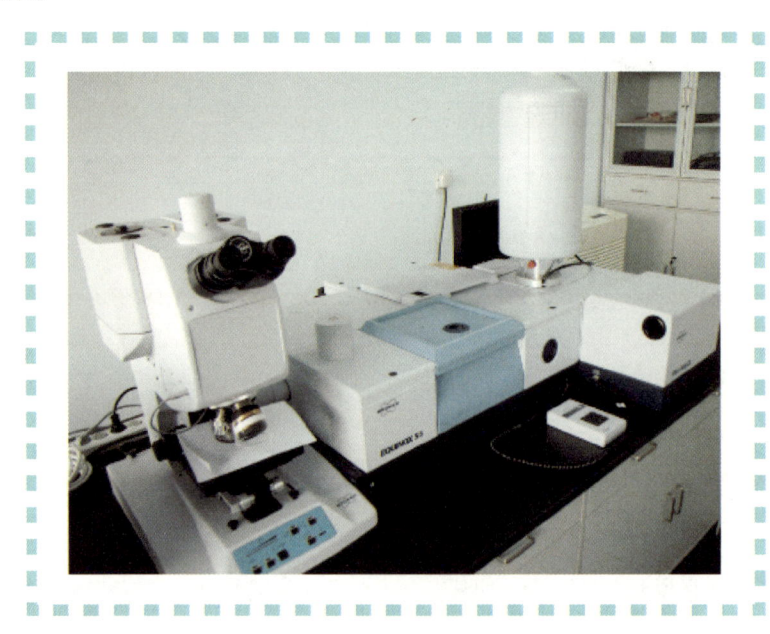

● 图10—8 红外光谱仪

生物识别测定垫是一种新的研究工具，可用于身份认证。测定垫，主要基于书写速度、笔尖压力和签名节奏来识别笔迹，通过轻微的差别来识别笔迹是否伪造。

计算机分析的优点是比人肉眼分析要更快、更客观。当书写人正在书写时，警察就可观察其笔尖压力的变化，得知书写人的主观意图；如果笔迹已经扫描到计算机上，通过像素的阴影则可以对笔尖压力进行客观分析。

第10章 解码！笔下的犯罪

活动10—1　左右手笔迹的比对

你和你的同桌一起做一个小测试：你们两个分别用左手和右手写字（字母表见图10—9），然后互相交换各自所写的字，观察有何不同，并将结果记录在表10—1中。

● 图10—9　左手书写笔迹

表10—1　　　　　　　　　左右手笔迹的比对

异同	左手笔迹	右手笔迹
是否工整		
书写快慢		
是否连笔		

问题

1. 活动中的文书检验对象是什么？不同的检验对象最大的不同是什么呢？
2. 左手笔迹属于正常书写笔迹吗？把你发现的不同和同桌交流一下。

科学探案：破案技术

活动 10—2　相同内容的印章的比对

仔细观察两枚刻有相同内容的印章（见图 10—10 与图 10—11），并将其异同记录在表 10—2 中。

- 图 10—10　印章 1
- 图 10—11　印章 2

表 10—2　　　　　　　　相同内容的印章的比对

异同	印章 1	印章 2
笔迹形态		
图形位置		
边框特征		

问题

1. 活动 10—2 与活动 10—1 的检验对象有什么区别？你了解了哪些文书检验对象，总结归纳一下。

2. 印章 1 与印章 2 是同一枚章盖成的吗？二者有何异同呢？

第 10 章　解码！笔下的犯罪

活动 10—3　人民币的检验：真的还是伪造的？

目标

1. 描述纸币上的图案、数字和文字。
2. 鉴定人民币，描述识别真假的方法。
3. 解释为什么真假币不一样。

场景

卫青递给收银员 100 元人民币，收银员把它对着光看（见图 10—12）。卫青问收银员为什么这么做。收银员告诉他这个是为了检验人民币是真的还是伪造的。卫青不明白为何拿着钞票对着光线就可以确定它是真币还是假币。那么收银员看到的又是什么呢？

还记得"美国大盗"吗？活动结束之后，作为小侦探的你将学会如何识别真假钞票。

● 图 10—12　对光验钞

119

科学探案：破案技术

材料

立体显微镜或放大镜

百元钞票若干

步骤

1. 将人民币铺平放在灯下观察。
2. 用放大镜或者立体显微镜观察人民币。
3. 记录你所观察到的百元人民币的特征。

图10—13列出了新版人民币百元纸币的7个防伪标识。

1 光变镂空开窗安全线

位于票面正面右侧。垂直票面观察，安全线呈红色；与票面成一定角度观察，安全线呈绿色；透光观察，可见安全线中正反交替排列的镂空文字"100"。

2 光彩光变数字

位于票面正面中部。垂直票面观察，数字以金色为主，平视观察，数字以绿色为主。随着观察角度的变化，数字颜色在金色和绿色之间交替变化，并可见一条亮光带上下滚动。

3 人像水印

位于票面正面左侧空白处。透光观察可见毛泽东头像。

4 脚印对印图案

票面正面左下方和背面右下方均有票面数值"100"的局部图案。透光观察，正背面图案组成一个完整的面额数字"100"。

5 横扫双号码

票面正面左下方采用横号码，其冠字和前两位数字为暗红色，后六位数字为黑色；右侧竖号码为蓝色。

6 白水印

位于票面正面横号码下方。透光观察，可以看到透光性很强的水印面额数字"100"。

7 雕刻凹印

票面正面毛泽东头像、国徽、"中国人民银行"行名、右上角面额数字、盲文及背面人民大会堂等均采用雕刻凹印印刷，用手触摸有明显的凹凸感。

● 图10—13 新版人民币百元纸币的7个防伪标识

第11章　死神来了

我的问题

- 死亡的定义是什么？
- 自然死亡、意外死亡、自杀和他杀有什么异同？
- 法医是如何根据尸体现象判断死亡时间、死亡方式的呢？

主要术语

- 死亡方式
- 死亡时间
- 尸体现象
- 胃内容物

核心技能

- 死亡时间推断

探索活动

- 描述你观察到的动植物和人类的出生与死亡现象。

科学探案：破案技术

思考

推理
如何判断死亡呢？呼吸停止？心脏停止跳动？还是大脑不再活动？

在1816年发明第一个听诊器之前，人只要处于昏迷状态或者心跳极其微弱便被认定为死亡而进行埋葬。因此出现了不少活埋的案子，于是人们在棺材里面加了一个钟，敲钟便可获救。这便是古代的"保存的钟声"。

问题
现在仍不能极其精确地定义死亡，然而一个人若只有心跳而大脑没有活动也算活着吗？

死亡定义

现代的死亡定义多采用脑死亡说，即全脑功能不可逆地永久性丧失，或者大脑、小脑包括脑干全部停止工作。当心脏停止跳动后，身体的细胞因为新陈代谢无法正常进行，于是死亡。随后，身体在细菌等各种因素作用下开始发生腐败。

拓展
中国古代"死亡"是由"死"和"亡"两个词组成的，有时可连用。死就是死，亡则是逃跑。有时也用于军事，指死了多少人或跑了多少人。现代死和亡都是死的意思。

问题
人为什么会死亡？又是怎么死亡的呢？是生老病死还是另有原因？

第11章 死神来了

死亡原因与死亡方式

死亡的原因有很多，所有直接导致或间接促进死亡的疾病和损伤，以及造成任何这类损伤的事故或暴力情况都可以是死亡原因。与死亡原因密切相关的便是死亡方式。

死亡方式有四种：自然死亡、意外死亡、自杀和他杀。

自然死亡是符合生命和疾病自然发展规律、没有暴力干预而发生的死亡。这是死亡的最常见的方式。

意外死亡是非人为故意暴力造成的死亡，如自然灾害、交通事故等引起的死亡（见图11—1、图11—2）。

自杀是指个体在复杂心理活动作用下，蓄意或自愿采取各种手段结束自己生命的行为。方式有吊死、淹死、枪杀等。

他杀是结束他人生命的行为，与自杀相对。他杀通常是谋杀，但有时也会是误杀或自卫杀人等。

● 图11—1 意外事故　　　　● 图11—2 食物中毒

故事穿插：自杀还是他杀？

2009年1月29日凌晨两点，A市某火锅城三楼食客间发生纠纷，其中一名男子刘某跑到四楼后一直未再出现。早上六点，在与火锅城一墙之隔的小学发现了刘某的尸体，现场情况符合刘某从火锅城四楼厕所窗户坠落而死的推论。但刘某的家属认为是外人将刘某推出窗户的，并向火锅城索赔300万元。经现场勘查，在四楼窗户外离窗台1米左右的外墙壁上有鞋蹭擦的痕迹，但并不能确定就是刘某所留，且刘某爬窗的原因也不清楚。

科学探案： 破案技术

警察赶至现场后，刮取了墙上的附着物，并将其与刘某鞋底物质进行对比，检验结果表明两者基本一致，从而证实了刘某是自己爬出窗外，意外高坠而死。对刘某的血醇含量进行检验，血中乙醇含量很高，为274mg/100ml。由此可知，刘某的死亡极有可能与醉酒有关。

问题

刘某高坠而死，警察确定他是意外死亡而不是他杀，有哪些依据呢？

如果一个人用药过量（如安眠药）而死，那么这是自杀、意外死亡还是他杀呢？

蛛丝马迹： 死亡原因的确定→死亡方式的推断→死亡时间的推断

刘某坠落之谜

在上述刘某坠楼案件中，法医赶至现场后，首先确定刘某坠楼是导致其死亡的根本原因，排除刘某自身疾病、他人暴力等原因。

警察通过勘查现场，结合法医检验，可以得出刘某并没有自杀的倾向，现场并未留下他人作案的证据，因此基本排除他杀。结合刘某的醉酒状态，通过现场重建，基本确定刘某系意外死亡。

根据报案时间和尸体现象判断死亡时间为凌晨两点左右。

用药过量而死

对于用药过量致死的问题，首先要确定的是死亡是否为药物所致。死亡方式的推断应结合杯子上的指纹、个人的精神状态以及生活状态。若是他人下毒，那么应寻找药物来源，排查可疑的犯罪嫌疑人；若是自杀，应分析现场的药物种类、剂量等综合判断；若是意外事故，应根据胃内容物确定死亡时间，然后再推断死亡方式。因此，对于用药过量导致死亡的人来说，尸体的胃内容物是非常重要的线索。

问题

警察会根据报案人和现场访问情况推断死亡时间。除此之外，你还可以想到哪些方法呢？

死亡时间及其线索

1944年3月，一个裹着毯子和报纸的新生婴儿被抛尸在一个纸箱里。婴儿尸体被放在一个林地的坑里，上面铺满了落叶。经法医鉴定，根据婴儿的尸体变化如尸斑、尸僵等推断死亡时间为几个小时之前。但是送检的尸体上的20只昆虫却表明死亡时间比这早得多。这是因为在天气寒冷的情况下，根据尸体现象并不能准确地推断死亡时间。

死亡时间

死亡时间是指从死亡发生到法医进行尸体检验时所经过的时间。以24小时为界，尸体现象可分为早期尸体现象与晚期尸体现象。根据尸体现象出现的早晚可以推断死亡时间。早期尸体现象指在自然环境下，死后24小时内尸体出现的变化。晚期尸体现象指死后24小时后尸体出现的变化。

尸斑

尸斑是指人死亡之后尸体表面的颜色变化。在皮肤表面可以清晰地看见紫色斑块。它是由于人死后血液在重力作用下向下坠积形成的。

尸斑可以为判断受害者的死亡时间提供线索。尸斑最开始出现是在死亡之后两小时。人死亡之后两到八小时之内，如果手指按压尸斑处皮肤，尸斑就会消失。八小时后，手指按压，尸斑不会消失。人死亡时的周围环境温度会影响尸斑的形成时间。

尸斑除了能够推断死亡时间，还能提供其他重要线索。通过分析尸斑的分布范围，可判断尸体曾处的位置和体位（见图11—3）。

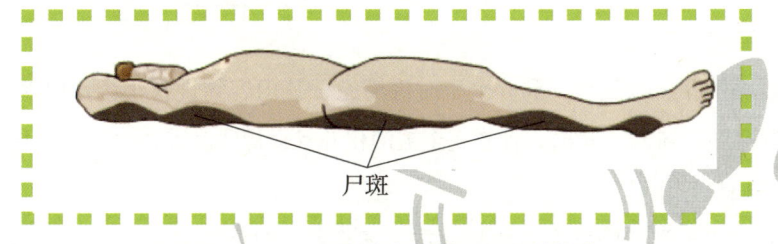

● 图11—3 尸斑分布能够显示尸体体位

如果尸体呈俯卧位，尸斑会在面部、胸部、腹部以及胳膊和腿前部等部位形成。如果尸体处于仰卧位，尸斑会在后背、臀部、胳膊和腿后部等部位形成。如果尸体位置是立位，血液会沉积在腿和脚的下部与手臂的下部，形成尸斑。

科学探案：破案技术

尸僵

尸僵是指尸体僵硬程度。你在路上见过死亡的动物吗？见过它们四肢僵硬并且挺立的情形（见图11—4）吗？如果几天后再去观察它，你可能已经注意到，它不再僵硬。僵硬是暂时的，尸僵的发展变化对于推断死亡时间也是非常有用的（见表11—1）。

● 图 11—4　死亡 24 小时后僵硬的动物

表 11—1　　　　　　　　　　死亡时间与尸体僵硬程度

死亡时间	尸体僵硬程度
2 小时	开始出现僵硬
12 小时	尸体最僵硬
36 小时	僵硬开始消失
48 小时	僵硬完全消失

胃内容物

一般情况下，饭后经 4 到 6 个小时胃清空，其内容物进入小肠；12 个小时后，食物离开小肠；到 24 个小时，食物完全被消化并且食物残渣进入大肠（见图11—5）。由此可得出结论：

（1）如果未消化的胃内容物都存在，那么死亡时间最多是饭后 2 个小时。

（2）如果胃是空的，但小肠中发现食物，那么死亡发生在饭后 4 至 6 个小时。

（3）如果小肠是空的，大肠有少量食物残渣，那么死亡大概发生在饭后 12 个小时。

第11章 死神来了

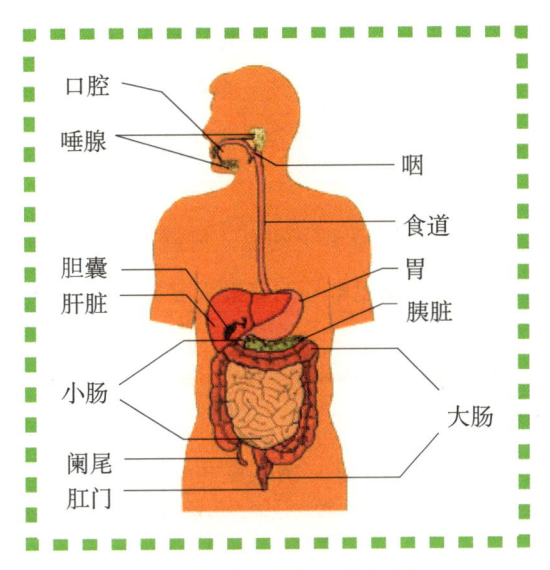

● 图11—5 人体的消化系统

图11—6为法医专家在对胃内容物进行检测。

● 图11—6 法医专家对胃内容物进行检测

故事穿插：昆虫定罪

夏季，A小区一名女性在她的公寓楼外遭到袭击。攻击者戴着滑雪面具，从灌木丛跳出袭击她之后逃脱了。警察怀疑作案人是该女子居住的楼里的人。获得搜查令后，他们在犯罪嫌疑人的公寓发现了滑雪面具。但该男子声称，自去年冬天，他就没有使用过滑雪面具。

科学探案： 破案技术

受害人只是辨认出了嫌疑人的声音，但这方面的证据不足以定罪。通过显微镜进一步检查，在滑雪面具上发现了与现场植被相匹配的植物。在案发现场灌木丛里曾发现一只叫象鼻虫的幼虫。这种象鼻虫要到冬季才会长大，幼虫只能在夏季发现。

警察在滑雪面具上也发现了象鼻虫幼虫。滑雪面具上象鼻虫幼虫的存在证明犯罪嫌疑人是在撒谎。昆虫证据足够证明嫌疑人有罪。

问题

警察为何可以通过昆虫定罪？请跟着活动 11—1 找寻你的答案。

活动 11—1 昆虫也可以推断死亡时间

目标

学习与尸体分解有关的昆虫行为及昆虫生命周期知识。

简介

绿头苍蝇是到尸体上产卵的第一种昆虫。

材料

温度计

厨房用的可以翻盖的垃圾桶

塑料垃圾袋内衬

纸箱片

数码摄像机

第 11 章 死神来了

步骤

制作苍蝇孵化器 → 准备肝菜 → 获得苍蝇 → 观测和数据采集。具体操作及相关知识见图 11—7 和表 11—2。

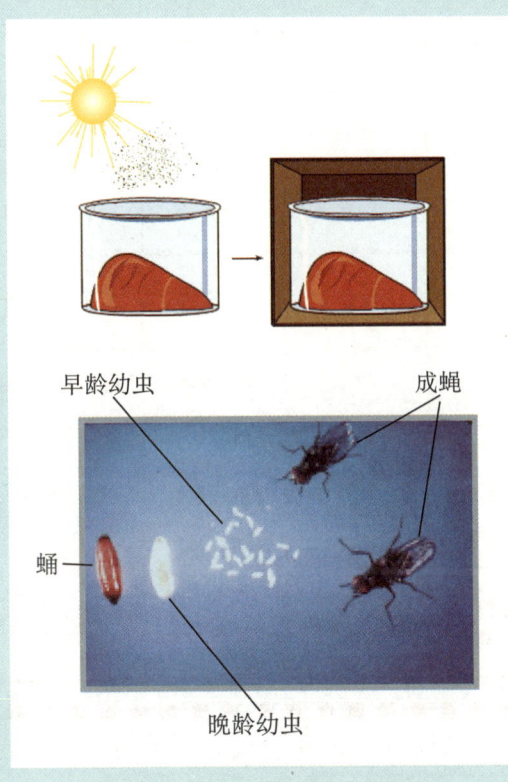

● 图 11—7 苍蝇孵化过程

写日记

在你的日记里应包括：

- 苍蝇在不同发展阶段的物理描述。
- 记下苍蝇的喂食时间及食品类型。
- 描述苍蝇的"出游"、迁移或运动情况。

科学探案： 破案技术

表11—2　　　　　苍蝇的成长变化

阶段	大小 (cm)	颜色	第一次出现的时间	持续时间	草图（不按比例）
卵	2	白色	死后不久	8 小时	
幼虫1	5	白色	1.8 天	20 小时	
幼虫2	10	白色	2.5 天	1.5~2 小时	
幼虫3	17	白色	4~5 天	3.5~5 小时	
预蛹	9		8~12 天	86~180 小时	
早期和晚期蛹	9	亮褐色变为暗褐色	18~24 天	6~12 天	
成年蝇	各种都有	黑色、绿色	21~24 天	几周	

问题

1. 为什么根据尸体上苍蝇的成长变化情况能推断死亡时间？
2. 你还能想到其他推断死亡时间的方法吗？

第 12 章　泥土也可以破案

我的问题

- 怎样识别各种泥土类型？如何进行检测？
- 泥土与犯罪现场有何联系？

主要术语

- 黏土
- 腐殖质
- 泥土剖面

核心技能

- 泥土物证检验

探索活动

- 我国幅员辽阔，不同地方的土壤存在差异，如黄土、红土、黑钙土、灰褐土等。你是否注意到了呢？请仔细观察这些土壤有何不同？

科学探案：破案技术

思考

推理
泥土与犯罪现场究竟存在怎样的联系？

福尔摩斯舒服地靠在椅背上，从烟斗里喷出一股浓厚的蓝烟来说道："观察的结果说明，你今早曾到韦格摩尔街邮局去过，而通过推断，则知道了你在那里发过一封电报。"

华生道："对！完全正确！但是我真不明白，你是怎么知道的。那是我一时兴起，并没有告诉任何人啊。"

福尔摩斯看到华生惊讶，得意地笑道："这个太简单了，简直用不着解释，但是解释一下倒可以分清观察和推断的范围。我观察到在你的鞋面上沾有一小块红泥。韦格摩尔街邮局对面正在修路，从路上掘出的泥就堆积在便道上。要进邮局的人很难不踏到泥里去，那里泥的颜色是特殊的红色。据我了解，附近再没有那种颜色的泥土了。这就是从观察中得来的，其余的则是由推断得来的了。"

华生问："那么你怎么推断到那封电报呢？"

福尔摩斯说："今天整整一个上午我都坐在你的对面，并没有看见你写过一封信。同时，在你的桌子上，我也注意到有一大整张的邮票和一捆明信片，那么你去邮局除了发电报还会做什么呢？除去其他的因素，剩下的必是事实了。"

（选自《四签名》）

跟随福尔摩斯的思路，看看他是如何推理的：首先，他必然对附近的泥土进行过仔细的观察，并且能辨认出各种不同的泥土，尤其是韦格摩尔街邮局门口的红色黏土。其次，他一定看到邮局附近正在修路这个事实，并且得出了走进邮局会踩上红泥这个结论。这些基本的事实与结论储存在他的头脑里，并与其他信息结合成一个知识的网。而当华生脚上的红泥进入他的视线时，这个由常识与专业知识所组成的网络便被激活了，在探索真相的刺激下，他的头脑以近乎直觉的方式得出了华生进过邮局这个结论。

> **问题**
> 福尔摩斯仅仅通过华生脚上的泥土就判断出华生早上经过的地方，泥土真的有这么神奇吗？它有哪些特点？福尔摩斯到底是怎么利用泥土破案的呢？

泥土不仅仅是泥土

2014年3月2日，在A石油井平台发现了一具尸体。警察赶到现场后发现，平台附近有不少污泥与这个地方的泥土并不相同。检验结果表明，泥土来自距油井平台30公里的地方。

根据污泥的线索，警方很快找到了一位嫌疑人，他是受害者的一个熟人。在获得搜查令后，警方搜出了犯罪嫌疑人穿的工作靴，并把它拿回实验室，将靴子上的泥垢与发现尸体的地方的泥土进行比对检测。犯罪嫌疑人并不担心，对他来说，污泥就只是污泥而已。

接下来，警方对犯罪嫌疑人靴子上的泥土样本以及从他车上采集到的泥土样本进行进一步的化学和微观实验。结果表明，来自犯罪嫌疑人靴子上的泥土样本同发现了尸体所在地的泥土相匹配。面对令人信服的证据，犯罪嫌疑人终于承认了他的罪行进而被绳之以法。

> **问题**
> 普通的泥土中有哪些物质成分呢？帮助警察破案的成分又是什么呢？

泥土组成

泥土和前面介绍的毛发、涂料、花粉一样，属于重要的微量物证之一。泥土无处不在，与人们的日常生活密切相关。

科学探案：破案技术

泥土是地球陆地表面具有一定肥力能够使植物生长的疏松表层。泥土由固体、液体及气体物质组成，比如矿物质、有机物、水和空气等。

具体来说，泥土有以下组成部分。

(1) 固相物质（有机物、矿物质、微生物）。

(2) 液体（孔隙中的水）。

(3) 气体（孔隙中的空气）。

泥土剖面

泥土剖面一般分为六层（见图12—1）。

最上面的水平线被称为O地平线，它主要由腐烂的有机物组成，也被称为腐殖质。

O层下方的是A层，泥土颜色深，也被称为表土层。表土是腐殖质和矿物质颗粒的混合物。种子发芽和植物的根都在A层生长。

接下来是E层，E层泥土颜色浅，大部分由沙子和淤泥组成。水分通过该层泥土带走了大部分矿物质和黏土，这个过程被称为浸出。

B层位于E层之下，该层的另一个名称是底土。底土包含从上面各层沥出的黏土和矿藏。

C层由部分破碎的岩石组成，几乎没有腐殖质。

此外，还有一个坚固的岩石层在最下面，被称为R层。

● 图12—1 泥土剖面外形图

泥土分类

泥土又称为土壤，是丰富且复杂的由不同微粒组成的化合物。犹如《四签名》中的红泥与开篇提到的四种颜色的土壤，土壤除了直观的颜色可以用来分析案情，还有什么有助于案情的侦破呢？

根据颗粒大小，泥土可以划分为：粗沙（0.20mm～2.00mm）、细沙（0.02mm～0.2mm）、粉沙（0.002mm～0.02mm）和黏粒（0.002mm以下）四个粒级。

根据质地分类，泥土一般分为三大类：砂土、黏土和壤土。

根据成因分类，泥土可以划分为以下几类，如表12—1所示。

表12—1　　　　　　　泥土的分类及相应的名称

泥土的分类	泥土的名称
富铝土	红土、黄土、砖红土
淋溶土	黄棕土、暗棕土、棕土
半淋溶土	褐土、灰褐土、棉土
钙层土	黑钙土、棕钙土、栗钙土
岩层土	紫色土、黑色石灰土、红色石灰土
水生土	沼泽土、泥炭土、水稻土
高山土	高山草原土、草毡土、高山漠土

泥土检验

泥土检验的过程如下：泥土采集→外观检测→显微镜检测→酸碱度检测→重量测定与元素分析。

（1）泥土采集。泥土物证常常被忽视，对于泥土物证需要及时采集，避免丢失。主要的采集对象便是现场的足迹、遗留工具及衣物，现场采集的泥土要具有代表性。

（2）外观检测。通过肉眼来观察泥土的颜色、颗粒大小、形态以及紫外灯下的荧光颜色。

（3）显微镜检测。通过显微镜观察泥土颗粒的状态和其中细小的夹杂物。

（4）酸碱度检测。将泥土进行干燥、研磨、过滤，加入蒸馏水混合搅拌，过

科学探案：破案技术

滤后测定 PH 值。

（5）重量测定与元素分析。主要是针对其中有机物与无机物的重量比进行测试，测试方法见活动 12—1。此外，还要利用专业工具和方法进行元素分析。

法医地质学

法医地质学是地质学在法医学技术方面的应用。法医地质学家运用地理科学和地质物质如土壤和岩石，帮助处理刑事和民事案件（见图 12—2）。他们能确定身体上的土壤与在发现尸体的地方采集的土壤是否匹配。要成为一名法医地质学家，就必须学习和探讨地质学、数学、化学、法律和法庭科学等课程。

● 图 12—2　法医地质学家在野外工作

法医地质学家的工作领域并不由法律强制规定。他们可以鉴定艺术品，通过识别画中的矿物质或用于作画的有机油漆来辨别画的真假。他们还可以检测宝石，确定其价值。

身临其境

2014 年 3 月，A 市朝阳河边发现一具女尸。女尸全身共有 10 处刀伤，其中在其腰部的一处伤口上沾有黑色泥土。

当认定死者是 A 市沙坪坝区某单位的干部后，为寻找杀人的第一案发现场，警方在沙坪坝区磁器口到市中心区牛角沱之间十多公里的嘉陵江边收集了 200 份泥土样本。

警察采用光谱分析法把采集到的样本与尸体伤口处的泥土样本进行对照分析，发现后者与沙坪坝上湾幸福化工厂河边的泥土样本，除主体元素铝（Al）、铁（Fe）、硅（Si）、镁（Mg）、钙（Ca）、银（Ag）含量大体相同外，钛（Ti）、镍（Ni）、钴（Co）等元素也一致。结合其他情况分析，进而确定了杀人第一现场的位置，并很快找到了案犯，破获了此案。

第 12 章 泥土也可以破案

问题

警察利用泥土检验破案，具体有哪些检测内容呢？你是否有自己的意见呢？

事实上，警察可以做以下方面的工作。

（1）确定泥土的来源地。根据现场受害人身上附着的泥土，判断所在场所是否为第一现场。同时，还可以查明出入口和通道。

（2）比对现场提取的泥土与从嫌疑人处收集的泥土是否相同。

（3）弄清现场收集的泥土是否受过特殊的污染，如化学物、金属残留物等。

活动 12—1　泥土的检验

目标

研究泥土的特性，并能检测检材泥土和样本泥土是否相一致。

材料

（每四名学生一组）

复合显微镜或放大率为 40 倍的体视显微镜

250ml 的量筒和烧杯各 1 个

5 种泥土样品（4 种样本泥土，1 种检材泥土）

5 个橡皮筋

科学探案：破案技术

> 5块棉布，大约8cm×8cm大小
>
> 5个茶匙
>
> 5张通用的PH试纸
>
> 5个紫外灯
>
> 5根平牙木签

步骤

第一部分：显微镜检测

取4个泥土样本（编号1~4）和检材泥土。

1. 用放大镜或用低功率（40倍）的显微镜检查干燥的泥土样本。
2. 描述或绘制在泥土中发现的任何生物。
3. 描述泥土的颜色、质地、气味和整体外观，并完成表12—2。

表12—2　　　　　　　　泥土分析

泥土样本	描述发现的生物	样本颜色	样本质地	样本气味	样品外观
1					
2					
3					
4					
检材泥土					

第二部分：测定PH值

PH值可以用来衡量物质的酸性、中性或碱性。如果PH值小于7，则土壤呈酸性。数值越低，酸性越大。如果PH等于7，则土壤呈中性。如果PH值大于7，则土壤呈碱性。数值越大，碱性越强。

1. 选择一个干净的桌面，放一块纱布。舀两茶匙泥土样本1放在纱布中央。收起纱布的两侧，并用一根橡皮筋将样品捆扎成球状。
2. 将50ml蒸馏水倒入250ml的烧杯中，贴上标签"泥土样本1"，

第12章 泥土也可以破案

并将样本1放在水中10分钟。

3. 对样本2、3、4和检材泥土,重复上述1、2的步骤,放置时间均为10分钟。

4. 使用PH试纸,确定每个土壤样品水的PH值,并完成表12—3。

表12—3　　　　　　　　PH值的测定

泥土样本	PH值	酸性或碱性	PH试纸
1			
2			
3			
4			
检材泥土			

第三部分:泥土的沉淀

1. 在量杯中加100ml水并加一茶匙的泥土样本1。

2. 盖上量杯,摇30秒。

3. 对其他样本重复步骤1、2,并完成表12—4。

表12—4　　　　　　　　泥土沉淀结果

泥土样本	用彩色铅笔画出土壤层柱状草图	不同的层的数目	描述漂浮物
1			
2			
3			
4			
检材泥土			

问题

1. 通过对泥土的检测,检材泥土与哪个样本泥土更一致呢?

2. 这种一致性可以证明检材泥土来自样本泥土的所在地吗?为什么?

第 13 章　会说话的骨骼

我的问题

- 如何利用骨骼区分人的性别？
- 如何通过骨骼检验来判断人大概的年龄？

主要术语

- 骨骼
- 性别
- 年龄
- 身高

核心技能

- 利用骨骼确认年龄

探索活动

- 如何利用骨骼区分性别？
- 如何利用骨骼判断年龄？

科学探案： 破案技术

思考

推理
利用骨骼识别性别和年龄是如何做到的？

25岁的小李在汽车修理厂工作，但因为游手好闲，不认真工作，经常受到修理厂老板娘的责骂，也因为经常翘班常常被老板娘扣工资。小李因此怀恨在心，和他的一帮"兄弟们"合谋把修理厂的老板娘偷偷杀死，同时处理了老板娘的尸体。几天后，修理厂的老板由于一直联系不上妻子，便报了警。警察随后展开了调查，追踪到小李的活动轨迹后，在一个下午去了小李的家。在他居住的院子里，警察找到了一个装有相机、手机、衣服、牙齿和骨头的桶。一个由刑事科学技术专家组成的团队来勘查现场，他们确定这些遗留物是属于一个成人女性的。根据一些骨头的损伤还可以判断尸体是被肢解的。当与小李同住的一个朋友承认参与了犯罪活动时，小李便成了最大的嫌疑人。

问题
如果你是警察，你可以把桶内的骨头和嫌疑人朋友的供述联系起来吗？它们将如何给嫌疑人定罪？

简介
在法庭科学中，骨骼的分析对于认定受害者或嫌疑人是非常重要的。如果骨骼残骸在嫌疑人住所或工作处被发现，对骨骼的鉴定将成为联结嫌疑犯和犯罪行为的关键步骤。本章将探讨如何通过对骨骼的分析来揭示一个人的身份、性别、年龄等。通过检验，骨骼也能开口"说话"，告诉我们案发前后到底发生了什么，帮助警察重建现场。

人的身体内有多少块骨头？大多数的医生会告诉你有206块。这个答案并不精确，应该说成人在所有的骨骼都已经全面形成后有206块骨头，但一个婴儿的骨头数目要远大于这个数！

第13章 会说话的骨骼

如何利用骨骼区分人的性别

通常，警察问法医的第一个问题就是这些骨骼属于男性还是女性。那么如何通过骨骼碎片区分性别呢？女性骨骼的整体外观趋于平滑且薄，而男性的骨骼通常较厚、粗糙，显得凹凸不平。这是由于男性的肌肉比较发达，骨骼处需要较强的附着位点。

另一种确定骨骼性别的简单的方法是检查盆骨，由于女性需要生育，所以身体的这一区域男女之间表现出许多不同点。如果女人生过孩子，那么她的盆骨内侧面会刻有疤痕。在女性怀孕第四个月时，身体会释放荷尔蒙使盆骨区的肌腱变软来帮助适应胎儿发育。这些疤痕可在耻骨联合、软骨区这些骨骼连接的位置被检测出来。另外女性耻骨下角大于90度，男性耻骨下角小于90度。女性盆骨腔呈椭圆形，男性盆骨腔呈心形。这些都是通过盆骨来判别男女性别的关键点。详见图13—1至图13—3和表13—1。

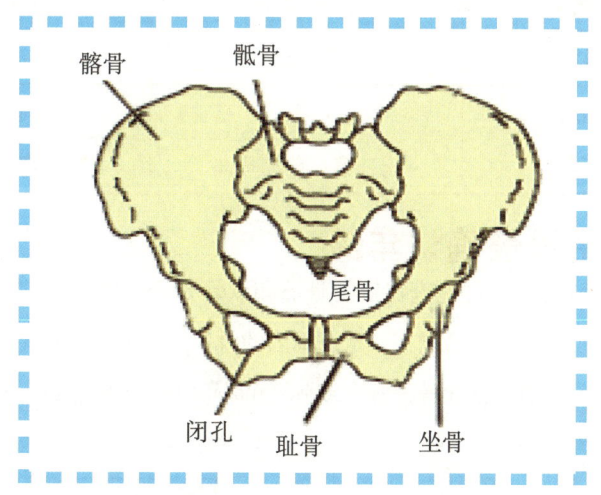

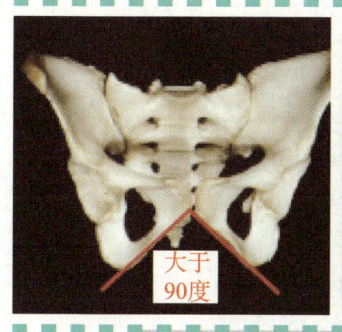

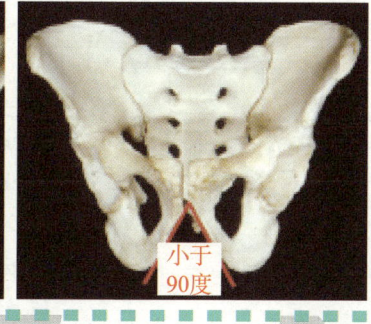

● 图13—1　盆骨上不同的骨头

● 图13—2　女性耻骨下角大于90度，男性耻骨下角小于90度

科学探案：破案技术

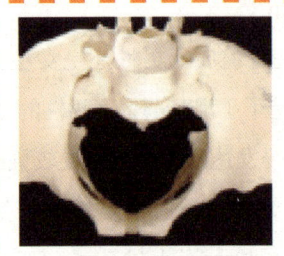

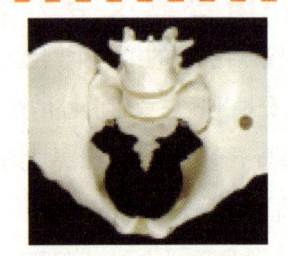

男性骨盆腔：心形　　　女性骨盆腔：椭圆形

● 图 13—3　女性的盆骨腔比男性的张开角度大

表 13—1　　　　　　　　男女盆骨差异的总结

骨骼	男性	女性
耻骨下角角度	小于 90 度	大于 90 度
耻骨的形状	三角形	矩形
盆骨腔的形状	心形	椭圆形
骶骨的特点	长、窄，向内弯曲	短、宽，向外弯曲

如何利用骨骼确认年龄

一个人的年龄可以通过检查特定的骨骼和软骨是否存在而确定。因为不同的骨骼不能同时达到成熟，可以通过在一定范围内的骨骼上寻找是否存在具体的特征来估计一个人的年龄（例如，骨缝是否弥合或弥合的程度）。详见图 13—4 和表 13—2。

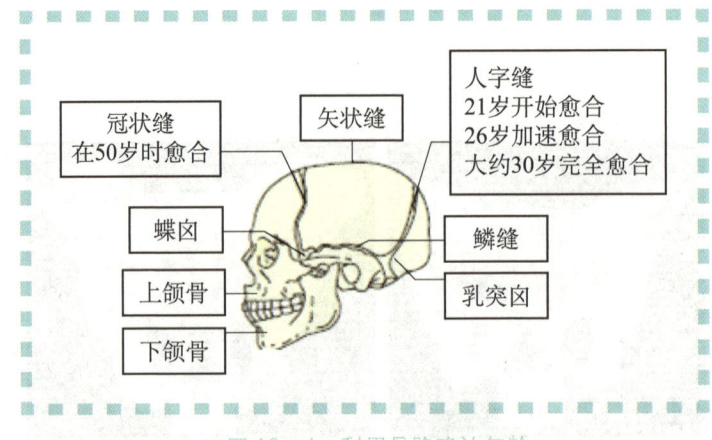

冠状缝　在50岁时愈合
矢状缝
人字缝　21岁开始愈合　26岁加速愈合　大约30岁完全愈合
蝶囟
鳞缝
上颌骨
乳突囟
下颌骨

● 图 13—4　利用骨骼确认年龄

第 13 章 会说话的骨骼

表 13—2　　　　　　　　利用骨骼确认年龄

身体部位	骨骼	年龄
胳膊	肱骨融合	4～6 岁
	肱骨的头部融合到轴	18～20 岁
腿部	股骨：第一次出现大转子	4 岁
	第一次出现小转子	13～14 岁
	股骨的头部融合到轴	16～18 岁
	踝部连接轴	20 岁
肩膀	锁骨和胸骨愈合	18～24 岁
盆骨	坐骨和耻骨几乎完全连接	7～8 岁
	坐骨、耻骨完全骨化	20～25 岁
	骶骨所有的片段结合	25～30 岁
颅骨	人字缝愈合	21 岁开始 30 岁结束
	矢状缝愈合	32 岁
	冠状缝愈合	50 岁

总结

骨骼是有生命的，通过骨骼的状况可以看出一个人身体的健康情况和营养程度。男性和女性的骨骼在很多方面不相同，包括骨骼的粗糙度和厚度、额骨的大小和形状、眼窝的形状、盆骨的角度、存在或不存在分娩疤痕等。

可以通过骨骼的数量、关节的标志线以及软骨线的存在和位置来估计死者的年龄，一个人的身高可以通过手臂和腿的长骨的长度来估算。

故事穿插

艾尔弗雷德·帕克是一名美国大兵，在南北战争之后成了科罗拉多州的一名领导。1874 年的冬天，他和其他五个探矿者进山后就消失了。4 月，帕克带着一个骇人听闻的故事回来了：六人饥寒交迫，疾病缠身，导致自相残杀，只有自己幸存。帕克被指控犯有谋杀罪，但他宣称自己是无辜的，说他是在自卫的时候，杀死了其他五名探矿者。五名探矿者的尸体两个星期后被发现时已经腐败了，其

科学探案： 破案技术

中一具尸体还是没有头部的。

帕克（被认为是科罗拉多食人者）从监狱中逃跑，但九年后被抓回，被控告犯有谋杀罪。1889年，检察官再次提出这五名探矿者为帕克所杀，于是警方进行了重新调查。受害者的骨骼显示其手臂和头部有明显的抵抗伤。四名受害者是由于受到撞击而死亡的，其中三名是被像斧子一样的工具致伤的，第四名可能是被步枪的枪托所伤。骨骼上有明显的刮擦痕迹，暗示着每个身体都被小心翼翼地移动过。

活动 13—1　用身体比例估计身高

目标

通过这一活动，你将能够：

1. 用身体相关部位来估算身高。
2. 运用身体与这些部位的比例关系，试着计算自己的身高，检验一下它们是否准确。

完成活动时间

40分钟

简介

15世纪末著名画家达·芬奇提出"人体比例"，其中一篇文章描述了一个完美的人的理想比例应该是什么样的。图13—5是达·芬奇早期的作品《维特鲁威人》。有些特征的描述如下：

- 一个人的身高是他手掌宽度的24倍。

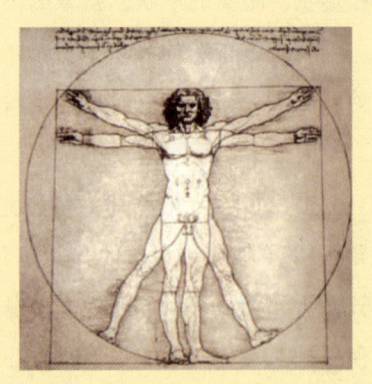

● 图13—5 《维特鲁威人》

第13章 会说话的骨骼

- 手的长度是一个人身高的十分之一。
- 手肘到腋窝的距离为一个人身高的八分之一。
- 肩的最大宽度是一个人身高的一半。
- 头顶到下颚底部的距离是一个人身高的八分之一。
- 一个人张开双臂的长度等于他的身高。

材料

（每两名学生一组）

尺子

笔和纸

计算器（可选）

方格纸

步骤

1. 穿着袜子站在墙角，让你的小伙伴仔细测量你身高的十分之一。保持你的头部平行于地面。

2. 将结果记录在表13—3中。

3. 让你的小伙伴帮你测量，测量结果精确到1 cm，每次都记录以下身体的数据：

a. 手掌最宽处的宽度。

b. 从手腕的第一腕横纹到手最长的手指尖的距离。

c. 肘部至腋下最高点的距离。

d. 肩膀的最大宽度。

e. 头顶到下巴的距离。

科学探案：破案技术

f. 张开双臂的长度。

4. 重复步骤1到3，测量你的小伙伴的身体数据，并将其记录在表13—4中。

5. 你的小伙伴将你的数据记录在他（她）的数据表（表13—4）中。

6. 利用数据表中的比例计算，记录你和你小伙伴的近似身高。

7. 在表13—3和表13—4中记录你计算的身高和实际身高之间的差，用加号（+）和减号（−）表示。

表13—3　　　　你的身体相关部位的测量数据（cm）

测量部位	测量结果	乘法运算	运算结果	实际值与计算值的差
身高		×1＝		
手掌宽		×24＝		
手长度		×10＝		
腋窝到肘部的距离		×8＝		
肩宽		×4＝		
下巴到头顶的距离		×8＝		
伸展开双臂的长度		×1＝		

测量人的性别_____

表13—4　　你的小伙伴的身体相关部位的测量数据（cm）

测量部位	测量结果	乘法运算	运算结果	实际值与计算值的差
高度		×1＝		
手掌宽		×24＝		
手长度		×10＝		
腋窝到肘部的距离		×8＝		
肩宽		×4＝		
下巴到头顶的距离		×8＝		
伸展开双臂的长度		×1＝		

测量人的性别_____

问题

1. 哪一组测量的数据及其关系可以准确地反映你的身高？
2. 对跟你同样性别的人进行相同的测量，是否也能准确地估算出他们的实际身高？说明原因。
3. 哪一组测量的数据及其关系可以准确地反映你的小伙伴的身高？
4. 哪一组数据估算身高是最不准确的？
5. 解释一下为什么使用青少年的身体数据来估算身高比使用成人的身体数据估算身高更不准确。

活动 13—2　肱骨长度与身高比对

步骤

1. 你的手肘到腋窝的距离大约是你肱骨的长度。记录你的班级里每个人的这个长度和实际身高，完成表 13—5。

2. 画图，肱骨的长度为 x 轴，身高为 y 轴。确保你的图中包括以下内容：

　a. 为图拟一个恰当的标题。

　b. 每个轴都设置一个合适的值。

　c. 对 x 和 y 轴设置一个标签单位 (cm)。

　d. 圈出每个数据点。

表 13—5　　　　　肱骨长度与实际身高的比对

同学	肱骨长度（cm）	实际身高（cm）
1		
2		

科学探案： 破案技术

续前表

同学	肱骨长度（cm）	实际身高（cm）
3		
4		
5		
6		
7		
8		
9		
10		
11		
12		
……		

问题

1. 绘制数据和建立最佳的拟合线。
2. 假设在施工现场发现了一块肱骨骨头。根据图解释你如何根据肱骨长度估算人的身高。
3. 列举根据单一的骨骼估算一个人的身高时需要考虑的变量。

第14章　不会说谎的玻璃

我的问题

- 玻璃检验是怎么进行的？
- 玻璃的哪些特征可用于检验？

主要术语

- 玻璃
- 密度
- 折射率

核心技能

- 玻璃密度测量

探索活动

- 我们可以利用玻璃的何种属性进行案件侦破？
- 玻璃的密度如何计算？

科学探案： 破案技术

思考

推理
你认为玻璃用来认定嫌疑人有可能吗？为什么？

某日，小赵在商店里偷偷将水晶玻璃花瓶藏到他的夹克中。他以为他能很容易把它藏起来，然后离开商店不被抓住。然而，花瓶从夹克里滑了出来掉在了地上，被摔成了许多碎片。小赵趁无人发觉很快地逃出了商店。事后店员回忆，有一个男孩在案件发生之前盯着这个花瓶看了很久，并向警察做出了关于这个男孩的详细的细节描述。后来，警察在附近的音乐商店里找到了小赵。当警察质问小赵时，他声称他没有在事发的这个商场附近出现过。经进一步调查，警方发现有碎玻璃嵌在了他球鞋的底槽里。

问题
假设你是警察，负责这桩案件，有没有办法判定小赵球鞋上的玻璃和从被摔碎的花瓶上提取的玻璃是否一样？你将如何判断？如果两者匹配，能有足够的证据给小赵定罪吗？

简介
在很多犯罪现场中都能发现玻璃物证。交通事故现场可能会散落着破碎的前灯和挡风玻璃；被抢劫的商店里可能有带有纤维的破碎的窗户玻璃或者带有血迹的玻璃。子弹如果穿透了玻璃，玻璃检验可以判断出子弹的出入口。玻璃微粒可能会残留在犯罪嫌疑人的鞋子或衣服上，从而可以提供追踪犯罪嫌疑人的证据。

什么是玻璃？
玻璃是一种坚硬的通过高温熔炼砂子、石灰和氧化钠（Na_2O）得到的晶体材料。玻璃的主要成分是二氧化硅（SiO_2），也叫硅石。氧化钠的添加是为了降低硅石或砂子的熔点，氧化钙的加入是为了防止玻璃在水中溶解。

第 14 章 不会说谎的玻璃

玻璃的属性

改变制造玻璃的化合物的成分可以生产出不同类型的玻璃。一块玻璃的特定成分是独一无二的，因此它是可以识别的。由于玻璃是由多种化合物制造出来的，这就使把一块玻璃和另一块玻璃通过物理或化学的方法进行区分成为可能。

如何计算一块玻璃的密度？

（1）用天平确定一块玻璃的质量（g）。

（2）将一个烧杯装满水，直到再加入一滴水就会使其溢出。

（3）将量筒放在烧杯的嘴下。

（4）小心地将一块玻璃放入装满水的烧杯中，并用量筒收集溢出的水。

（5）测量溢出的水的体积。溢出的水的体积等于玻璃的体积。具体如图14—1所示。

（6）用质量（g）除以溢出的水的体积（ml）就得到了玻璃的密度。

图14—1 利用烧杯和量筒确定一块玻璃的体积

折射率

你有没有曾经坐在一个游泳池旁边，看着你的腿在水中的样子？你的腿是你所想象中的正常的样子吗？你的腿形出现"畸变"说明光束发生了弯曲或折射。当光束从一种介质（空气）到另一个介质（水）时，其传播速度会发生变化。速度的变化引起了光束方向的变化。光线弯曲的另一个名字是折射。折射是光从一种介质传播到另一种介质时，其方向随着速度的加快或减慢而发生的变化。光线弯曲的方向和数量随着两种介质密度的变化而变化。

折射率是描述光从一种介质到另一种介质时光发生弯曲的概念。不同波段的光通过不同物质的折射率不同。一种物质的折射率是由光在真空（一个不含任何物质的空间）中的速度除以光在特定物质中传播的速度计算出来的。

辐射状和同心圆痕迹

当一个客体如子弹击中玻璃时，玻璃会先在更脆弱的一侧破裂，破裂的另一侧，便会产生辐射状痕迹。辐射状的裂纹将会从客体撞击玻璃的中心撞击点向外

科学探案： 破案技术

辐射。主要的放射状裂痕形成后，间接的或者同心圆痕迹就会形成。它们随着在玻璃上的撞击或压力在同一侧形成（见图14—2和图14—3）。

● 图14—2　防弹玻璃上的弹孔　　　　● 图14—3　钢化玻璃上的弹孔

故事穿插

1987年2月的一个晚上，9点30分左右，19岁的克雷格去他在俄勒冈西北部附近的邻居家，但是他再也没有回来。一个肇事逃逸的司机杀死了他。刑事科学技术人员在现场提取了嵌入克雷格衣服里的玻璃，也提取了在他尸体周围的玻璃碎片。

警察试图搜索肇事汽车，确认它的损害与这起案件是一致的（见图14—4）。他们发现具有这些破坏性特征的车属于一个叫作苏珊·纳特的女人。为了确认苏珊女士的这辆车与案件有关，警察不得不把她的车窗玻璃与犯罪现场提取的玻璃进行比对。俄勒冈州立大学辐射中心的研究人员比较了来自两处的玻璃。研究人员发现，从犯罪现场提取的挡风玻璃碎片与苏珊女士的车的挡风玻

● 图14—4　车窗玻璃受损的汽车

璃相比，含有 22 种相同的化学元素，并且两种玻璃的折射率也相同。研究人员认为这两处的玻璃的匹配是完美的。

玻璃物证使苏珊·纳特没能逃脱法律的制裁。

总结

1. 人类制造玻璃有漫长的历史。玻璃也可以由自然力产生，如火山、闪电等。
2. 玻璃是一种非晶态固体，通常由二氧化硅、氧化钙、氧化钠等组成。
3. 玻璃碎片可以通过它们的密度、厚度和折射率来确定。
4. 物体的密度由物体的质量除以物体的体积计算得到。
5. 一种材料的折射率是用来衡量当光线穿过此材料时有多少光线弯曲或折射的。
6. 浸没法是一种用于估计一个玻璃样本折射率的实验方法。
7. 玻璃被击中时，它首先伸展，然后破裂，形成径向断裂和同心断裂模式。在玻璃撞击点对面一侧发生径向断裂模式。同心断裂模式发生在撞击点的同一侧。
8. 当子弹穿过玻璃时，出射孔大于入射孔。

活动 14—1 玻璃密度的测量

目标

通过这一活动，你将能够：

1. 描述如何使用浸没法测定密度。
2. 计算各种玻璃样本的密度。
3. 判断从四名犯罪嫌疑人身上获取的玻璃物证与在犯罪现场提取的玻璃物证是否具有相同的密度。
4. 当收集和检验玻璃物证时，要保持证据链的完整。

完成活动时间

45 分钟

科学探案： 破案技术

材料

（每三名学生一组）

装有四名嫌疑人玻璃物证并标有"嫌疑人1、2、3和4"标记的物证袋

装有犯罪现场提取的玻璃物证并标有"犯罪现场"标记的物证袋

替代容器或10ml量筒

烧杯（250ml）

水

含有50ml水的水滴瓶

天平（精确到至少0.1g）

钳子

报纸或特种纸

标记带

永久性记号笔

安全措施

工作时要戴手套和护目镜。在你的工作区域内管理好工作用纸。所有的材料由你的老师安排提供。

场景

将犯罪现场提取的玻璃物证与来自犯罪嫌疑人身上的玻璃物证相比对。记住，如果仅是密度匹配，并不能证明嫌疑犯有罪，因为玻璃被认为是类的证据。从犯罪现场提取的玻璃碎片还需要同从四名嫌疑人身上提取的玻璃物证作进一步比对。

在这次活动中，你将被要求确定在犯罪现场发现的玻璃物证的密度，如果密度不匹配，你就可以排除嫌疑犯。如果密度匹配，那么你需要进一步搜集证据找出在犯罪现场作案的嫌疑犯。

第 14 章 不会说谎的玻璃

步骤

1. 获取带有嫌疑人1、嫌疑人2、嫌疑人3、嫌疑人4标记的物证袋。

2. 取出1号嫌疑人物证袋,在经手记录栏中记录你的名字、日期、时间。

3. 打开标记有"嫌疑人1号"的物证袋。不要破坏物证袋上的签名,从不同的侧面打开它。

4. 从嫌疑人1号物证袋中,取出两块玻璃碎片,使用天平,确定各自的质量,并将其记录在表14—1中。将两块玻璃碎片留在天平上以做进一步的检测。

5. 重新封装物证袋。在胶带和物证袋的接口处写上你的名字或名字拼音的首字母,重新封装。这样,接口处就有了两次封装记录。

6. 用250ml的烧杯装满水直到溢出。为了完全加满,你可能需要用滴管加几滴水。

7. 准备一个清洁、干燥的10ml量筒接收溢出的水。可能需要用几本书垫在烧杯下面调整高度。

8. 缓慢地将玻璃样本的两块碎片一次性放入烧杯中,溢出的水流进量筒。

9. 通过这种方法可以测出这两块玻璃碎片的体积。

10. 在表14—1中记录这两块玻璃的体积。

11. 计算物证袋"嫌疑人1"中玻璃的密度,并在表14—1中记录下来。

12. 从烧杯中取出两个玻璃碎片并按照老师的要求进行处理。

13. 再次把烧杯中的水加到刚刚溢出为止。

14. 对物证袋"嫌疑人2"重复这些步骤。确保正确地打开和重新密封物证袋。在记录栏中记录你的名字、日期、时间。将物证袋"嫌疑人2"中玻璃的所有信息记录在表14—1中。

科学探案：破案技术

15. 重复这个过程直到记录下关于3号、4号嫌疑人，以及犯罪现场的玻璃物证的所有信息。

表14—1　　　　玻璃样本密度的比对

样本	两块玻璃的总质量	两块玻璃的总体积	密度（质量／体积）
嫌疑人1			
嫌疑人2			
嫌疑人3			
嫌疑人4			
犯罪现场			

问题

1. 四个犯罪嫌疑人中哪一个嫌疑人的玻璃物证的密度与犯罪现场的玻璃物证的密度相匹配？解释你的答案。
2. 将你的答案与其他同学的答案进行比较，看看有什么区别。
3. 描述一下你将如何改进你的实验从而使实验结果更加可靠。
4. 基于你的结果，你可以将犯罪现场的玻璃物证与犯罪嫌疑人联系起来吗？
5. 解释为什么玻璃被认为是一种种类证据。

第15章 脚下的秘密

我的问题

- 潜在痕迹指的是什么？
- 足迹的提取步骤主要有哪些？

主要术语

- 潜在痕迹
- 可见痕迹
- 立体痕迹
- 鞋底花纹

核心技能

- 潜在痕迹提取

探索活动

- 怎样利用鞋印破案？
- 怎样发现和提取潜在足迹？

科学探案：破案技术

思考

推理
留在犯罪现场的足迹已被拍照，并制模。可以从中获得关于犯罪嫌疑人什么样的信息？

一天早上，洛杉矶的居民被警报吵醒了。在经历了一场可怕的持刀攻击后，只留下了两具尸体。有人发现了血足迹（见图15—1），它是由大小为12码的布鲁诺马利鞋留下的，沿着血足迹的路径一直追踪到了受害者的尸体。那一天是1994年6月13日，这两具尸体分别为辛普森前妻妮可和妮可的现男友罗纳德·戈德曼。随后，案件被美国历史上收视率最高的电视台报道了。辛普森案件审判结束后，许多人对妮可前夫辛普森的无罪判决感到惊讶。这些重要的证据可以把辛普森和犯罪现场联系起来，但所有的这些证据，都不能直接指出辛普森是作案人。那么究竟谁是穿着布鲁诺马利鞋的人？是谁穿着大小为12码的布鲁诺马利鞋在凝固的血迹上行走时，将足迹留在了上面？专家认为足迹大约是在袭击后留下的。然而，究竟是凶手还是案发后到过现场的人留下了这些足迹？辛普森拒绝承认有这样一双鞋，同时检察官也无法反驳他。虽然在这个案件中足迹的价值很小，但在审判结束后，有一张照片显示辛普森有一双类似的鞋子。在随后的民事审判中，陪审员认为是凶手留下了足迹，而且辛普森应该为妮可和戈德

● 图15—1 妮可和戈德曼被杀现场的血足迹

第 15 章　脚下的秘密

曼的死亡负责任。这就是被称为世纪大审判的辛普森案。

> **问题**
> 警察到达现场后，他应该在现场主要收集哪些物证？哪些痕迹可以作为证据使用？

简介

犯罪现场勘查人员并不能通过相机把现场的一切都记录下来，但是现场环境可以记录发生了什么。人、车辆和物体等会在现场留下可以证明它们来过现场的证据，这些证据会以痕迹的形式存在。在前面的章节中，已经学过了如何利用指纹识别个人，在这一章中，将会进一步探讨鞋留下的痕迹与案件的关系。

痕迹的分类

痕迹分为三种基本类型：可见痕迹、潜在痕迹和立体痕迹（见图 15—2）。可见痕迹是指肉眼可见的二维痕迹，是由客体通过土壤、灰尘、油漆、血或其他微粒的转移从而留下的。相比之下，潜在痕迹是肉眼观察不到的，需要通过特殊的粉末、静电技术以及化学方法来显现。油、细土和其他微小碎片被带到一个干净的地板上也可以形成潜在痕迹。即使是干净的鞋子或脚也可以转移物质到新打蜡或抛光的地板上。立体痕迹是三维痕迹，主要遗留在较软的物质上，如雪、泥、土壤或者肥皂上。立体痕迹很容易丢失，强风或天气的突变都可能会造成立体痕迹的损失，需要在制模之前对立体痕迹进行及时拍照。

● 图 15—2　潜在痕迹（左）、可见痕迹（中）和立体痕迹（右）

科学探案： 破案技术

个体识别还是种属认定？

这取决于痕迹是如何形成的，痕迹证据既可能是进行种属认定的证据也可能是进行个体识别的证据。鞋底或轮胎特定的花纹可以认定品牌或者大小，但是不能直接进行个体识别，个体识别需要进行特征鉴定，如鞋底的裂缝或者汽车轮胎上不寻常的磨损，这些特征可以作为认定的依据。牙印通常被认为是可以进行个体识别的证据，这种证据的使用有着悠久的历史，尤其是在战时用来识别遗骸。

鞋印

犯罪现场勘查人员可以通过犯罪现场发现的鞋印痕迹获得关于个人信息或与个人信息有关的犯罪信息（见图15—3）。例如，一个鞋印的大小可以告诉警察这个人脚的尺寸。一个鞋印或者足迹的深度可以告诉警方这个人的体重。鞋的种类（例如，工作靴子与平时穿的鞋）可以反映出这个人的工作或个人特点。鞋的品牌可提供此类鞋的供应商的信息，同时还能侧面反映鞋印遗留人的经济状况。通常情况下，经济困难的人不会穿一双昂贵的进口的鞋。当一个鞋印在犯罪现场被发现时，犯罪现场勘查人员将在数据库搜索以寻找这种鞋底的制造商。一旦鞋类被确定，通过比对鞋子与现场遗留鞋印的痕迹，就可以把鞋印作为证据将犯罪嫌疑人与犯罪现场联系起来。切记仅仅有与鞋印痕迹匹配的鞋可能无法提供足够的证据来起诉犯罪嫌疑人。

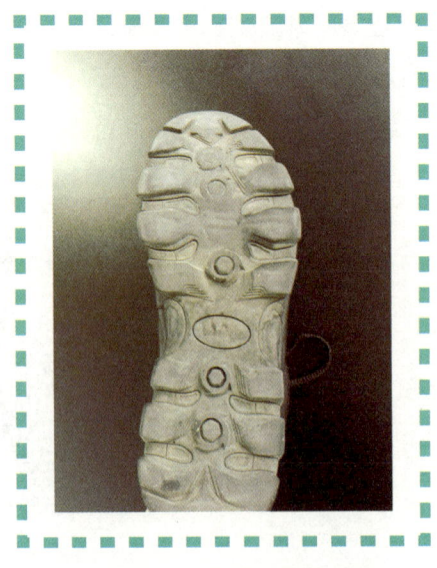

● 图15—3 复杂的鞋底花纹

步态及轨迹

痕迹可以告诉调查人员一个人的步态特征或者行走习惯。跛行或损伤会造成步态的不对称,也就是说,一只脚的角度与另一只脚不同,或者一只脚形成的痕迹比另一只脚深。这种情况也可能发生在一个人负重的时候。轨迹可以表明一个人是在走路还是在跑步,主要通过步长和痕迹的深浅及形状来判断。一连串的足迹可以表明遗留者的行走轨迹,能够帮助重建犯罪现场。可以从足迹中获得的信息包括:

(1)出现在犯罪现场的人数。

(2)在犯罪现场的人的活动情况。

(3)作案人进出犯罪现场的入口和出口。

鞋子磨损情况

虽然两个人可以购买同一款鞋,但鞋子磨损的情况会出现很大的不同(见图15—4)。鞋子的磨损特点会反映出我们走路的方式和习惯。鞋底面会体现出明显的个人特点,这是能够进行个体识别的证据。鞋子反映出的个人特点包括:

(1)一个人是用脚尖走路还是用脚后跟走路。

(2)体重。

(3)一个人走路时是沿着直线走还是脚尖向内或者向外走。

(4)脚的形状和穿鞋者的活动情况。

(5)一个人经常走路的路面情况。

(6)独特的洞、缺口,或嵌在鞋上的碎片。

鞋印证据的收集

收集鞋印证据的必要步骤是:

(1)对痕迹进行拍照。

(2)显现潜在痕迹。

(3)对立体足迹进行制模。

● 图15—4 鞋子的磨损程度可以说明穿鞋人的相关信息

潜在痕迹的提取

当穿鞋或赤脚走在光滑客体的表面时,留下的通常是肉眼不易发现的痕迹。赤脚足迹遗留的是很薄的一层油脂层,穿鞋足迹遗留的是鞋底沾有的物质形成的一层

科学探案： 破案技术

薄膜。有经验的犯罪现场勘查人员知道去哪里寻找潜在痕迹。如果出入口确定了，寻找潜在痕迹也就变得容易了。有一些不同的方法可以显现潜在痕迹，其中包括：

（1）鲁米诺使血足迹可见并且可以拍照。

（2）粉末显现潜在痕迹。与显现指纹相似，它可以显现痕迹，使其被拍照记录并提取。

（3）静电提取技术和凝胶提取技术可以捕获不可见的痕迹。

活动 15—1 赤足长、鞋长与身高

目标
探索赤足长和鞋长以及它们和身高之间的关系。

完成活动时间
40 分钟

材料
（每两名学生一组）

钢笔或铅笔

计算器

直尺

比例尺

步骤

第一部分：基于赤足长估算身高

1. 测量你的实际身高。为此，要脱下你的鞋子，靠着墙站，平视

前方，让你的小伙伴测量你的身高，精确到 cm。将你的结果记录在表 15—1 中。

2．测量你实际的赤足长，根据以下计算公式，估算出你的身高是多少。将你的答案记录在表 15—1 中。

身高 = 赤足长 ×7-3

3．你的实际身高和计算得出的身高是否相同？将结果记录在表 15—1 中，答案为"是"或"否"。

4．你的实际身高和计算得出的身高之间有什么区别？

5．让你的小伙伴重复步骤 2 到 4。将他的信息也记录在表 15—1 中。在表中记录你们的性别。

表 15—1　　基于赤足长估算的身高与实际身高的比对

问题	你的数据	小伙伴的数据
实际身高		
根据赤足长计算出的身高		
实际身高和计算得出的身高是否相同？（"是"或"否"）		
实际身高和计算得出的身高有什么区别？		
性别（男性或女性）		

第二部分：鞋码与脚的尺寸大小的比对

1．测量赤足长和鞋长，将你的结果记录在表 15—2 中。

2．如果让你从鞋长中减去或加上 1 到 2cm 的差值，你是否会发现绝大多数学生的赤足长和鞋长是一致的？

3．列出一些在实验过程中可能存在的误差。

4．列出一些方法来提高数据的可靠性。

5．有时间的话可以测量一下家长的赤足长和鞋长，重复第二部分

科学探案： 破案技术

的步骤，观察结果，回答为什么收集到的青少年的数据比成人的数据变化更大。

表 15—2　　　　　　鞋码与脚的尺寸大小的比对

问题	你的数据	小伙伴的数据
实际鞋长		
赤足长		
鞋长减去或者加上 1 到 2cm 后和实际测量的赤足长的值是否一致？（"是"或"否"）		
鞋长和赤足长之间有什么区别？		
性别（男性或女性）		

第 16 章　神秘的工具

我的问题

- 现场工具痕迹有哪些类型？
- 辨别和分析现场工具痕迹的步骤有哪些？
- 我们如何知道现场工具痕迹是由哪种或哪个工具形成的呢？

主要术语

- 工具痕迹
- 擦划痕迹
- 剪切痕迹
- 撬压痕迹

核心技能

- 工具痕迹检验

探索活动

- 生活中有哪些常见的工具？
- 你认为哪些工具可能被用来进行犯罪活动？
- 使用不同种类的工具时，在相应物体上留下的痕迹相同吗？
- 仔细想一想，一件工具是否只能留下一种痕迹？

科学探案：破案技术

思考

推理
工具痕迹可以帮助警察破案吗？

阳光明媚的一天，家住 H 市城郊的李女士准备出门去超市购物。这时，躲在旁边绿化带灌木丛中的一名男子张某鬼鬼祟祟地望了过来。等待李女士逐渐走远，张某确定李女士家没有人后，从他的行李袋里拿出一根撬棍。他用撬棍伸入李女士家的门与门框之间的缝隙，将门撬开后进入了室内。十分钟后，张某带着偷来的现金、电脑和珠宝，逃离了现场。由于张某屡次作案，有着丰富的反侦查经验，因此在入室盗窃过程中，其全程戴有手套，在现场没有留下一枚指纹。刑警队接到报警后迅速来到案发现场，刚进入犯罪现场，敏锐的警察就发现了门上的撬压痕迹，随即对该痕迹进行了拍照取证。在对撬压痕迹进行拍照和测量之后，警察将门取下，用硅胶制作了一个撬压痕迹模型。这个撬压痕迹模型是一个完美的复制品，反映了作案人所使用的作案工具的每一处细节特征。

在接下来的几个月，H 市又接连发生了几起类似的入室盗窃案。在每个入室盗窃现场，警察都发现了同样的撬压痕迹，但却一直找不到犯罪嫌疑人。有一天，一向聪明机智又有很高警惕性的卫青同学，向警察反映说看到一名陌生男子背着一个长条状的包裹，鬼鬼祟祟地在他家小区附近转悠。警察立刻通过视频监控找到了该名男子即张某，并向其询问相关情况。正交谈中，警察注意到了张某自行车后座上的长条形包裹，经检查，发现是一根撬棍。

警察将从张某包中发现的这根撬棍带回实验室，并与在每个入室盗窃现场提取到的撬压痕迹进行了检验比对，发现这根撬棍和之前一系列入室盗窃案件现场的撬压痕迹细节特征完全吻合。在铁的证据面前，张某终于承认了其犯下的罪行。

简介
在犯罪现场中，工具痕迹是一种很有价值的痕迹物证。当工具作用在物体上时，由于力的作用，会发生印压、擦划、磨损等，从而产生线形痕迹和凹陷痕迹。我们都知道不同形状的工具自然会产生不同的痕迹，但是同一种工具，例如两把相同的斧头，所留下的痕迹能否区分出来呢？答案是可以的。哪怕是同样的生产机器制作出的两个工具在表面上看似乎是相同的，但在显微镜下进行观察，便可以看出它们在一些细节特征上的不同。因此，可以说没有两件工具是完全相同的，所有大规模生产的工具或多或少都有一些细微的差异。警察便可以先通过犯罪现场遗留的工具痕迹的形状大致推断出作案工具的种类，再利用同一种工具个体间的细微差异对该种作案工具进行精确辨别，就可以推断出作案人所使用的工具是具体的哪一个，从而为案件侦破提供帮助。

工具和犯罪现场

工具为我们的日常生活带来了许多便捷。但工具在帮助我们做一些仅靠双手无法完成的事情时，也可以被犯罪分子利用，进行一些犯罪活动。下面我们一起认识一下常被用于作案的几种生活工具（见图16—1至图16—6）。

● 图16—1　套筒扳手

● 图16—2　螺丝刀

● 图16—3　扳手

● 图16—4　钳子

科学探案： 破案技术

● 图 16—5　各类生活工具一　　　● 图 16—6　各类生活工具二

工具痕迹的作用

判断案件性质

工具痕迹是物与物发生力的作用形成的，能真实地反映形成痕迹的工具的种类和结构特点。作用过程除了受作案人的主观控制外，还要受客观环境和承载客体的影响，只有实施行为、工具、承载客体相适应时才会形成痕迹。根据这种内在一致性，可以准确分析、判断案件性质。例如某人购物回来发现自己新买的汽车顶上出现了一个明显的凹陷痕迹，这时就需要警察通过对痕迹的形状特点进行分析，判断这是有人故意为之，还是被旁边楼上掉下来的物件意外砸中。

划定嫌疑人的范围

根据现场工具痕迹的形态、形成方式等特点，可以确定工具痕迹的形成过程、形成痕迹的工具种类，并利用这些工具的使用特点，分析作案人的专业技能，进而划定嫌疑人范围，为侦查工作确定重点。如锯、电钻等生产工具，一般人使用起来并不熟练，而木匠、钳工等却掌握了其使用技巧。

认定或否定嫌疑工具

通过将工具痕迹反映出的细节特征与形成该痕迹的工具进行比较分析，认定现场工具痕迹是某嫌疑工具所形成，就证实了该工具曾被用于实施某一犯罪行为。虽然这不等于确认了作案人，但是，由于工具是由人使用、保管或拥有的，通过这种关系即可查出真正的作案人。

串并案件

由于作案人往往多次反复使用同一把或同一种工具，采用同样手段连续多次作案，所以在不同现场都会留下相似的工具痕迹（见图 16—7 至图 16—9）。

第 16 章 神秘的工具

对这些案件现场工具痕迹加以检验后，可以根据工具的种类或细节特征，以及作案人的破坏方式、行为习惯等是否相同，确定是否由同一人（伙）作案。

- 图 16—7 工具痕迹往往出现在作案人强行进入案发现场时
- 图 16—8 撬压痕迹
- 图 16—9 用工具撬压门窗

活动 16—1 观察锤子击打木头形成的痕迹

目标

通过痕迹检验比对给出鉴定意见，确定哪把锤子是案犯在犯罪现场使用的作案工具。

场景

G 市警方接到报案称，一个建筑工地遭遇袭击。此案有迹象表明是内部人员所为。案发现场有一个锁着的木质工具箱被作案人用锤子砸

181

科学探案： 破案技术

坏，工具箱里的大量现金丢失。警方在案发现场及周围没有发现锤子，由此推断锤子可能是案犯自己带到犯罪现场的。于是警方收集了工地上所有工人的锤子，然后与案发现场的工具痕迹进行比对检验。小侦探们，你们现在的任务是拍照记录侦查实验所得到的工具痕迹，并将其与案发现场工具痕迹的照片进行比对。

步骤

第一步：提取犯罪现场工具痕迹

1．两个人组成一组，其中一名同学在八个犯罪嫌疑人的八把锤子中指定一把作为作案工具，使用其击打木板作为案发现场的工具痕迹。

2．使用硅胶材料，制作犯罪现场的工具痕迹模型。第一步先用足够量的硅胶完全填补木箱上因锤子击打而留下的凹陷痕迹。

3．在硅胶变硬之前将其揭除（约15分钟）。

4．对制作出的凹陷痕迹模型进行干燥处理。

5．注意观察硅胶制模过程中的所有细节特征。进行相应数据的测量后将其记录在表16—1中。

第二步：使用锤子击打木板制作凹陷状工具痕迹

1．寻找与犯罪现场材质相同的木板。

2．将木板分为八个区域，依次从1到8标号。

3．让同一名同学用同样的力度使用八个不同的锤子，在木板的对应位置进行击打，制作出工具痕迹。

4．将比例尺紧挨着凹陷痕迹摆放好，用手电筒在侧面倾斜一定角度照射凹陷痕迹，同时从凹陷痕迹正上方一定距离处对痕迹进行拍照记录。

5．用尺子测量每个凹陷痕迹的直径、深度等数据，精确到0.1mm，并将相应数据记录在表16—1中。

第16章 神秘的工具

第三步：将犯罪现场工具痕迹和锤子击打所形成的痕迹进行比对

1. 在八个样本中寻找与犯罪现场工具痕迹形状接近的一个或几个凹陷痕迹，之后对其相应的测量数据进行对比，看看是否相匹配。
2. 把你们的发现整理成报告，并告诉老师。

表16—1　　　　　　　　锤击痕迹的比对

	锤击痕迹	直径(mm)	深度(mm)	痕迹证据	其他发现
侦查实验制作出的工具痕迹	1				
	2				
	3				
	4				
	5				
	6				
	7				
	8				
犯罪现场锤击痕迹					

问题

1. 怎样能够使你的鉴定意见更为可靠？
2. 除了测量的数据外，还有什么证据可以支持你的鉴定意见？

科学探案：破案技术

活动 16—2　确定螺丝刀痕迹…

目标

通过仔细观察犯罪现场撬压痕迹照片和进行侦查实验时留下的撬压痕迹照片，确定犯罪现场撬压痕迹具体是由哪把螺丝刀撬压形成的。

场景

B市警方接到报案，一户人家的房门被撬，屋内丢失了大量的现金和珠宝首饰。警察经过仔细的现场勘查，通过门框处的撬压痕迹初步判断作案人撬门入室的工具应该是一把螺丝刀。之后结合其他警察调查走访获得的信息，发现王某和史某均有重大作案嫌疑。但现场其他痕迹物证表明，这起入室盗窃案，作案人只有一个。那么究竟王某和史某谁是作案人呢？警察分别找来了王某和史某的工具包，打算把寻找撬门的螺丝刀作为破案切入点。图16—10左下角为王某工具包里所有的螺丝刀，图16—10右下角为史某工具包里所有的螺丝刀。图16—10左上角是犯罪现场提取到的门框上的螺丝刀撬压痕迹，后面16个分别是警察用王某和史某工具包里的所有螺丝刀依次进行侦查实验所留下的撬压痕迹。下面，请各位小侦探们协助警察一起来破案吧！

步骤

1. 观察分析犯罪现场撬压痕迹的照片。
2. 观察分析警察使用王某和史某的16把螺丝刀进行侦查实验时留下的撬压痕迹，并注意其中任何一个可以将不同螺丝刀区分开来的细节特征，如痕迹大小、痕迹形状以及痕迹上的独特标记等。

3. 将尺子与螺丝刀垂直放置，沿着螺丝刀的顶端向下平行移动，测量螺丝刀头部最宽处的宽度，并将相应的测量数据记录在表16—2中。

4. 通过比对，确定犯罪现场的撬压痕迹是由哪把螺丝刀撬压形成的。

● 图 16—10 螺丝刀及其痕迹

科学探案：破案技术

表 16—2　　　　螺丝刀痕迹的比对

	螺丝刀痕迹	工具痕迹描述	顶端宽度（mm）	最大的宽度（mm）
侦查实验制作出的工具痕迹	1			
	2			
	3			
	4			
	5			
	6			
	7			
	8			
	9			
	10			
	11			
	12			
	13			
	14			
	15			
	16			
	犯罪现场螺丝刀痕迹			

问题

1. 能够帮助你分辨出不同螺丝刀的特征都有哪几种？
2. 经过仔细的观察、分析、比对，与犯罪现场撬压痕迹相匹配的是几号螺丝刀？持有者是谁？

第16章 神秘的工具

3. 能否仅以此为证据对犯罪嫌疑人王某或史某实施抓捕？为什么？

4. 如果放在你面前的不是螺丝刀撬压痕迹的照片而是一个三维立体的工具痕迹模型，你还能获得什么信息呢？

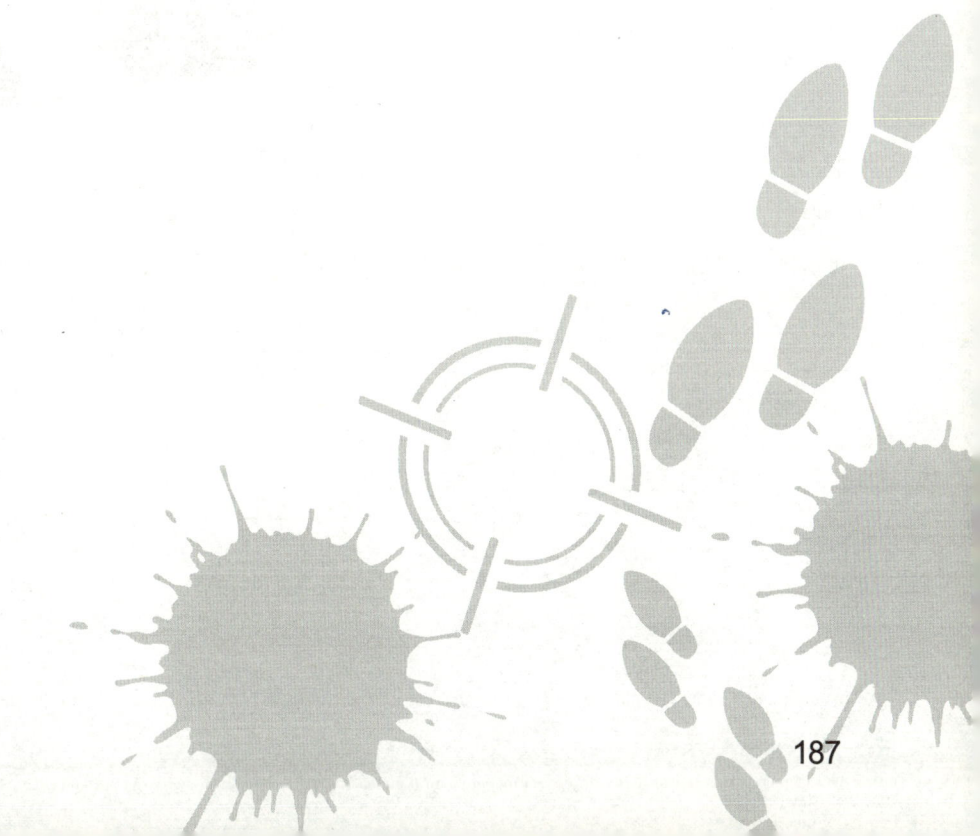

第 17 章　让子弹飞

我的问题

- 枪弹痕迹的哪些特征可用于检验？
- 枪弹痕迹的形成与枪弹的发射过程有哪些联系？
- 影视作品中经常提到的弹道究竟是什么？

主要术语

- 射击弹头
- 射击弹壳
- 弹道
- 弹着痕迹
- 射击残留物

核心技能

- 枪弹痕迹检验

探索活动

- 不同种类的枪支所发射的子弹相同吗？
- 老师将给你们展示一些不同种类枪支发射子弹后留下的弹壳，仔细观察一下吧。
  1. 观察一下弹壳的形状，是接近长方体，还是接近圆柱体或其他不规则的形状？
  2. 不同种类的枪支其在长度、口径上有什么区别？
  3. 同一种类的每把枪支的射击弹壳完全相同吗？如果不同，可能会有哪些不同？

科学探案：破案技术

思考

推理

同学们，你认为通过弹壳可以确定发射的枪支吗？为什么？

A市曾发生过一起性质恶劣的枪击案件，该市西北郊的一个工厂的财务主管和两名保安被劫匪枪击身亡，财务主管随身携带的装有工人工资的公文包被劫走，匪徒作案后逃之夭夭。警察接到报案后迅速来到案发现场，通过现场勘查，在案发现场找到三种不同类型的弹壳，通过调查发现：发射这三种子弹的枪支分别由三个厂家制造。三天后，张某和王某两人因有重大嫌疑而被逮捕，且被捕时两人身上均携带枪支。经过审讯，警察了解到，他们两人都有由这三个厂家制造的与作案人所使用的型号和口径都相同的枪支，且两人之前都有过暴力犯罪并因此被判过刑。这些因素无疑都加重了这两人的嫌疑，但最终促使警察将这两人绳之以法的关键则是一枚子弹。在作案人所使用的三种枪弹中，杀害其中一名保安的一种子弹非常陈旧，当时全国范围内所有工厂多年以前就都已经停止生产该种子弹，这种"消失"多年的子弹只在犯罪现场以及张某和王某的家中被发现。警察又在审讯中巧妙地展示了其在犯罪现场发现、提取的其他证据，最终击溃了张某和王某的心理防线，使其供述了自己抢劫杀人的整个作案过程。

问题

假设你是负责现场勘查的警察，你认为仅通过张某与王某两人家里有与案发现场相同型号的枪弹，能否认定其为作案人？

同一批次生产的相同型号的子弹，由型号相同的两把枪射出，其弹头、弹壳上的痕迹是否完全相同？

通过检验，如何确定射杀工厂财务主管与两名保安的子弹是由张某与王某的枪中射出的？

第 17 章 让子弹飞

枪弹痕迹检验

在上述案件中,由于受当时科学技术水平的制约,警察无法用比较显微镜对弹头、弹壳上的细微痕迹进行观察、比对,因此导致此案证据不足,始终饱受争议。如果上述案件发生在现在,那么警察就可以在实验室中运用现代科技手段对痕迹物证进行更细致、全面的检验鉴定。即运用痕迹检验的一般原理和技术方法,以及枪支、枪弹、内外弹道等科学知识,通过对枪支发射后遗留在弹头、弹壳和目标物上的痕迹、物证进行分析鉴定,为侦查提供线索,为破案提供证据。

火药和枪支的发展历史

火药是中国人发明的,距今已有一千多年了,其研究始于古代炼丹术。火药的最初使用并非在军事上,而是用于宋代诸军马戏的杂技演出,以及木偶戏中的烟火杂技——药发傀儡。宋代的"抱锣"、"硬鬼"、"哑艺剧"等杂技节目,都运用刚刚兴起的火药制品"爆仗"和"吐火"等,以制造神秘气氛。宋人同时也以火药表演幻术,如喷出烟火云雾以遁人、变物等,以显神奇迷离之效。中国人首先将火药运用于制造烟火,不久后就将其运用于军事,并发明了世界上第一枚火箭。大炮和火枪在宋代的军事运用中已经相当成熟,使得中国的科技水平遥遥领先于世界。

据史料记载,1259年,中国就制造了以黑火药发射子窠的竹管突火枪,这是世界上最早的管形射击火器。随后,又发明了金属管形射击火器——火铳。14世纪,欧洲也有了从枪管后端火门点火发射的火门枪。15世纪,欧洲的火绳枪利用灯芯进行点火来引燃火药。比较有名的火绳枪是16世纪20年代出现于西班牙的"穆什克特"火枪。这种火枪的口径在23毫米以内,枪重8至10千克,弹丸重约50克,射程达250米。弹丸用木制的或铁制的通条从枪口装填。装备"穆什克特"火枪的步兵称为火枪手。由于火绳在雨天容易熄灭,夜间容易暴露,这种枪在16世纪后逐渐被燧发枪所替代。图17—1是一款典型的老式火绳枪,图17—2展示了火绳枪的内部结构。

● 图 17—1　老式火绳枪

科学探案： 破案技术

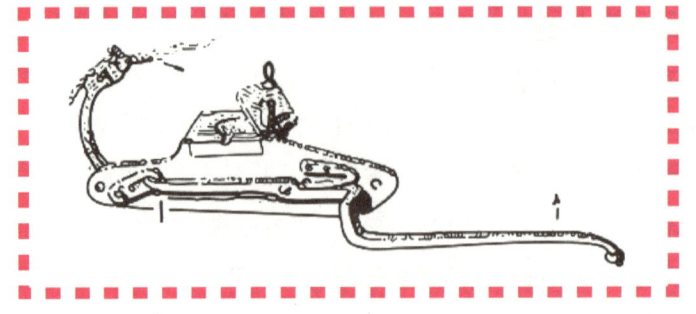

● 图 17—2　火绳枪的内部结构

燧发枪是利用燧石与铁砧撞击时迸发的火星来点燃火药的，它的出现标志着纯机械式点火技术时代的结束，随之而来的是爆炸式点火技术，击发枪也就应运而生了。

在点火技术发展的同时，子弹的出膛速度以及射击的准确性也在稳步提高。在枪膛内刻上膛线，便是其中意义重大的举措之一。最初的膛线是直线形的，这主要是为了装弹的方便。因为早期的枪都是前装式的，也就是说，弹药是从枪口处加装的。螺旋形的膛线出现以后，人们发现使用这种膛线的枪支，子弹出膛后飞行更稳定，射击精度更高，射程也更远。图 17—3 展示了各种各样的子弹。

● 图 17—3　各种各样的子弹

第 17 章 让子弹飞

枪弹的分类

根据枪支性能可把枪支分为自动枪支、非自动枪支和转轮枪支。

自动枪支是指依靠火药压力作用，使子弹自动上膛、发射、退壳的枪支。按其自动程度的不同，还可分为全自动枪支、半自动枪支。全自动枪支是指扣住扳机能连续射击，如机枪、冲锋枪等。半自动枪支是指扣一次扳机发射一发子弹，如九二式手枪（见图17—4）、五四式手枪、六四式手枪（见图17—5）等。

● 图 17—4　九二式手枪　　　　　● 图 17—5　六四式手枪

非自动枪支是指以火药气体为能量发射弹丸，用手工完成进弹、退弹等动作的枪支，如一些小口径步枪等。

转轮枪支有"鼓形"弹轮，内装有 4 至 7 发子弹。扣动扳机时，击铁连动后仰，带动鼓轮向左（或向右）转动，虽然逐次扳扣可连续发射，但其连动作用并非靠火药气体压力来实现，且不会自动挂壳，须人为将鼓轮移出后排壳、装弹。

此外，根据枪支的制造情况可将枪支分为制式枪支、非制式枪支；根据枪支的用途可将其分为军用枪支、公务枪支和民用枪支；根据枪管内壁结构可将枪支分为平滑枪管枪支、膛线枪管枪支。

讨论
枪管中加入了膛线后能为破案提供什么帮助？

枪弹痕迹
膛线上的痕迹

如果能够给箭头的羽毛增加一个旋转作用，弓箭手将能够更加准确地射中目标。同样，这一"膛线旋转"理论也应用到了步枪的设计中。膛线亦称来复线，

科学探案： 破案技术

是指枪膛内呈螺旋形凹凸不一的线。凹下的部分称为阴膛线，凸起的部分称为阳膛线。膛线可以说是枪管的灵魂，其作用在于赋予弹头旋转的能力，使弹头在出膛之后，仍能保持既定的方向。虽然在15世纪就有使用膛线的记录，但是由于制造工艺的困难，直到19世纪才得以普及。枪管内的膛线使子弹紧贴枪管内壁旋转射出，留下膛线痕迹。这种留在子弹上的膛线痕迹是特定的。弹道学专家认为，即使生产同种型号的枪支，用来制作膛线的工具也使每支枪都有独特的金属磨损痕迹，不可能产生两把膛线完全相同的枪支。所以，在发射子弹时，枪管作用在子弹上的痕迹就具有了独特性。

今天，技术的发展使我们能够通过比较显微镜来检验鉴定弹壳上留下的膛线痕迹（见图17—6）。因此，我们可以通过检验弹壳上的膛线痕迹把弹壳与发射枪支进行匹配。

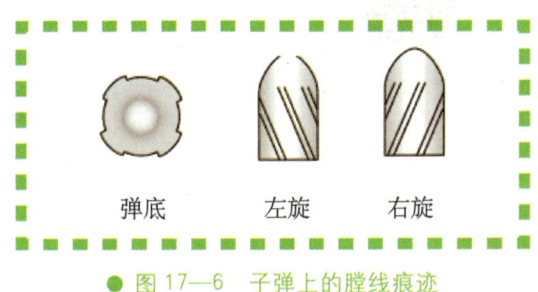

弹底　　左旋　　右旋

● 图17—6　子弹上的膛线痕迹

讨论

仔细观察下面的枪支结构图（见图17—7），你可以描述出枪支发射子弹的过程吗？

枪支发射子弹的过程

枪支是靠射手扣动扳机发射子弹的。扣动扳机后，击锤带动击针撞击子弹底部，使子弹中的发射药燃烧，产生高温高压气体推动弹头高速向前运动射向目标。这一射击过程详述如下：将枪弹装进弹膛，这时击锤（或击针）被阻挠而无法撞击子弹，枪支处于待发状态。射手通过扣动扳机来解除对击锤（或击针）的约束，击锤（或击针）撞击子弹底部完成击发动作。在弹头飞离枪口的同时，套

● 图 17—7 手枪结构图

筒由于力的相互作用而向后运动。在套筒后移的过程中射击后的弹壳被从弹膛抽出并抛出枪外，完成退壳动作，枪管后坐的同时压缩位于枪管下方的弹簧。在弹簧的作用下后移的枪管又被推动向前运动，并在向前运动过程中完成进弹，此时枪支就又进入待发状态。

问题

根据上述枪支发射过程，开动脑筋想一想，在这一过程中，子弹、发射枪支、射击者的手、被射中的物体上分别会留下哪些痕迹？

弹头上的痕迹

在向后拉动套筒进行上膛的过程中，枪弹进膛并逐渐规正，弹头弹尖及其附近的部位会与枪管中的一些金属结构发生轻微的磕碰，会在弹头弹尖及其附近部位留下进膛磕碰痕迹（见图17—8）。发射时在火药气体的压力作用下，子弹向前运动，弹头、弹壳表面会与阳膛线等结构接触，发生擦划，留下相应的膛线痕迹。

科学探案：破案技术

● 图17—8 弹头上的各种痕迹

弹壳上的痕迹

在装弹过程中，弹壳会和弹匣口两侧的棱边发生摩擦，在弹壳上留下两条平行又有一定间距的擦划痕迹，即弹匣口痕迹。在发射过程中，击锤会撞击子弹底部，在弹壳底部留下小圆形的凹陷，即击针头痕迹。枪弹发射时，在火药气体压力作用下，弹壳会向后运动至紧贴后膛，后膛中与子弹底部接触的部位称为弹底窝，弹底窝表面在生产加工、使用擦拭等过程中产生的各种痕迹特征都将印压在弹壳底面上，形成弹底窝痕迹。此外，有些枪支有指示杆，当膛内无弹时指示杆突出弹底窝表面，子弹上膛、发射时，弹壳底面便会留下指示杆痕迹。图17—9展示了弹壳底部的各种痕迹。在子弹发射后套筒后移与弹壳排出的过程中，弹壳表面由于同枪支内部金属结构碰撞接触，也会留下相应的痕迹。

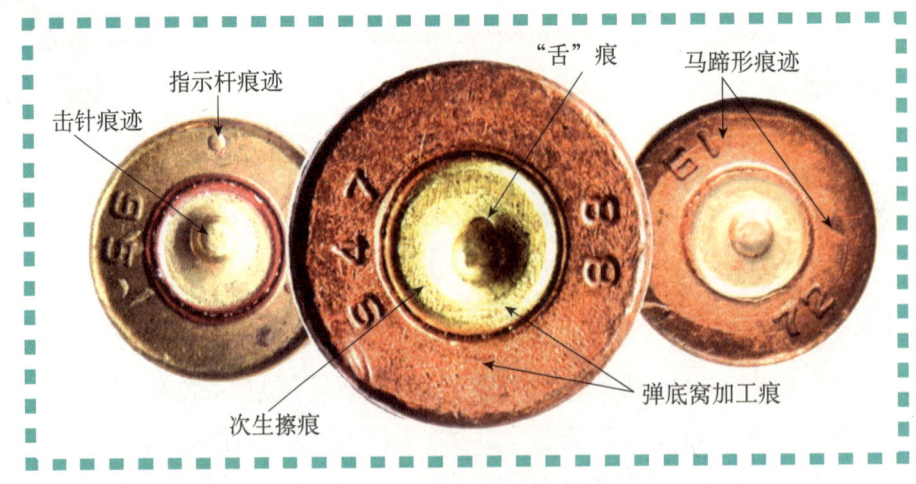

● 图17—9 弹壳底部的各种痕迹

射击残留物

因为大部分的枪支通过火药燃烧进行发射,所以当进行射击时会产生射击残留物。这些射击残留物除了大量气体外还有子弹发射时由气体带出的未燃烧或未完全燃烧的火药颗粒。射击残留物中的硝酸盐能黏附在周边物体上(例如持枪人的身体、被近距离射中的受害人身体)从而留下痕迹。射击残留物的量会随着射击者和受害人之间距离的增加而减少(见图17—10)。

警察可以通过射击残留物的位置来进行犯罪现场分析。如果有人持枪射击,在他或她的手上或衣服上就可以找到射击残留物。尽管射击残留物可以通过洗涤清除,但警察通过化学试剂仍然可以找到一些微量的残留物质。此外,还可以通过对遗留在受害者身上的射击残留物状态、成分的检验来确定射击者和受害者之间的距离。

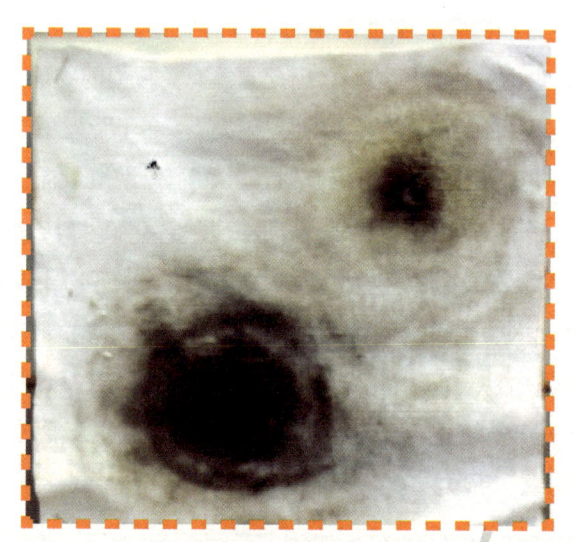

● 图17—10 不同距离射击留下的射击残留物的图案

弹道

弹道研究的一个重要作用是确定犯罪现场中射击者的位置。在犯罪现场,警察会寻找线索来帮助他们计算出子弹的飞行轨迹(见图17—11)。根据子弹的轨迹角度可以确定射击者的位置。例如,如果一个轨迹夹角向下,射击者的位置就在射击目标的上方。

轨迹可以通过确定子弹飞行路径的两个参考点计算。假设重力忽略不计,则

科学探案： 破案技术

●图17—11 子弹发射后的运动轨迹示意图

子弹沿直线前进，两个参考点将确定一条直线。警察可以假定射击者在这条直线上的某处进行射击。

参考点可以是一个物体上的弹孔，如墙或窗上的弹孔，也可以是受害者身上的伤口。非特定参考点包括物体上的射击残留物或者弹壳。如果只有一个受害者，就需要根据子弹射入伤口和射出伤口的位置来确定射击者的位置。警察通常会使用激光来确定直线路径，辅助确定射击者的位置。

实际案件中，重力往往难以忽略，因此掌握有关重力的物理学知识可以帮助警察更加准确地确定案发现场中作案人的射击位置。在子弹发射过程中，受到向前的推力和向下的重力。当子弹射出枪管时，其由于惯性继续向前运动，但由于受到自身重力作用，子弹的运动方向会逐渐向地面倾斜。如果射击远距离目标，在瞄准目标时必须进行相应的调整，以补偿重力作用对子弹运动轨迹的影响。如果射击近距离目标，则重力对子弹轨迹的影响不明显，在瞄准时便不需要有过多的调整。

枪击案件现场往往是复杂的，弹道轨迹可能很难确定。有时子弹会发生跳弹或损坏，不能为确定轨迹提供正确的依据。这时警察便会通过其他一些痕迹物证，例如足迹、指纹、毛发或唾液等来获取侦查线索，寻找作案人。

活动 17—1　击针痕迹的检验

目标

通过比较弹壳直径、生产商标识、发射机针的撞击位置、击针痕迹的形状特征等来区别不同枪支射击后遗留的弹壳，从而确定案犯。

第17章 让子弹飞

材料

（每两名学生一组）

铅笔

常见型号枪支的击针照片

单反相机

立体显微镜

场景

过去一个月发生了多起持枪抢劫案，警察在犯罪现场提取到许多射击后遗留的弹壳（样本）。随后三名犯罪嫌疑人因有重大作案嫌疑而被逮捕，警官在三人家中分别搜出一枚弹壳（检材）。

步骤

1. 利用立体显微镜来检验每枚弹壳，确定下列指标，即直径、击针的位置（中心或边缘），并对击针痕迹形状进行描述。在表17—1中记录观察结果。

2. 用单反相机拍摄每枚弹壳的底面并打印照片，用钢笔或铅笔圈注或标注每个弹壳的特征痕迹。

3. 利用从三名犯罪嫌疑人那里搜集到的三枚弹壳（见图17—12至图17—14），并结合表17—1中的信息，确定从犯罪现场提取到的弹壳是否能够与从犯罪嫌疑人那里搜查到的弹壳相匹配。

● 图17—12　检材一　　　● 图17—13　检材二

科学探案： 破案技术

● 图 17—14 检材三

以上三幅图片为从三名犯罪嫌疑人家中分别搜出的三枚弹壳的底部照片，以下九幅图片（图 17—15 至图 17—23）为从多起涉枪案件现场提取的九枚弹壳的底部照片。

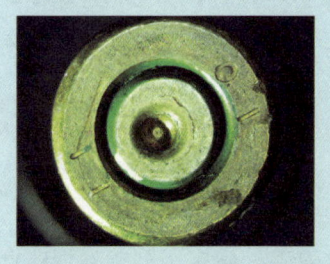

● 图 17—15 样本一

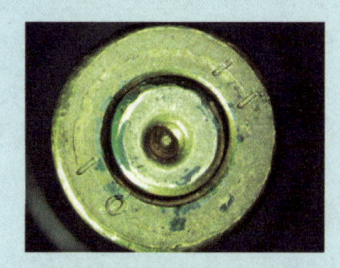

● 图 17—16 样本二

● 图 17—17 样本三

● 图 17—18 样本四

● 图 17—19 样本五

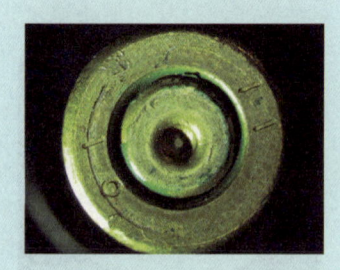

● 图 17—20 样本六

第 17 章 让子弹飞

● 图 17—21 样本七　　　　● 图 17—22 样本八

● 图 17—23 样本九

表 17—1　　　　　　　　弹壳的对比

观察指标	检材一	检材二	检材三
直径			
生产商标识			
击针痕迹（中心或边缘）			
痕迹的描述			

问题

1. 根据弹底窝痕迹的比对检验，哪个犯罪嫌疑人可以被排除？
2. 根据弹底窝痕迹的比对检验，哪个人嫌疑最大？
3. 请描述一下你的鉴定依据。

科学探案： 破案技术

活动 17—2　确定弹道轨迹……

目标

通过分析一个枪击案件现场（见图 17—24），掌握确定弹道轨迹的基本方法，从而通过计算确定作案人的射击位置。

● 图 17—24　枪击案件现场

方法介绍

射击角度是指子弹的轨迹路径与水平线的夹角（见图 17—25）。为了确定该角度，需要沿着弹道轨迹至少确定两个点。这两个点可以是伤口的射入口（A）和伤口的射出口（B）。

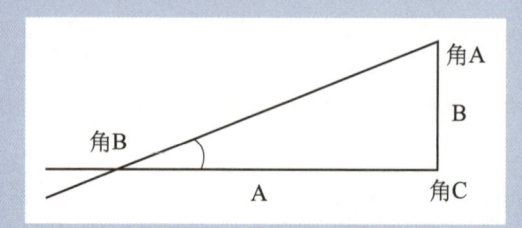

● 图 17—25　射击角度

图 17—25 直角三角形 ABC 中，A 边和 B 边为两条直角边，其对角分

别为角 A 和角 B。根据三角函数相关知识可知：tanB=B 边长度/A 边长度。

第一步：在枪击案件现场建立如图 17—25 的直角三角形模型，通过确定子弹弹道轨迹上的两点确定弹道轨迹所在的直线，即直角三角形斜边所在的直线。

第二步：测量该直线和水平线之间的夹角，即直角三角形 ABC 的锐角角 B 的度数。

第三步：测量直角三角形的直角边即 A 边的长度。

第四步：通过三角函数计算出直角三角形 ABC 另一直角边，即 B 边的长度，从而确定作案人射击点的位置。

实战练兵

如图 17—26 所示，一名男子从邮局走出，正欲骑车离开，刚在原地坐上自行车便被子弹击中头部，倒地身亡。当警察到达犯罪现场后，根据目击证人的描述得知作案人是在邮局对面的高楼上进行射击的（见图 17—27），但不知道是具体哪一层。警官通过计算得出弹道轨迹与水平线的夹角约为 6.5 度。从被害人遇袭的位置到高楼的水平距离约为 50m。当被害人坐在自行车上时，头部所受枪伤的射入口距离地面的水平高度约为 1.8m。已知楼层的高度约为 3m。

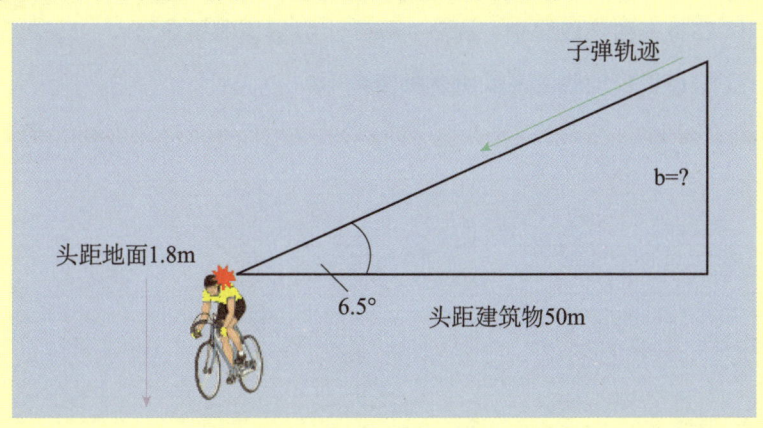

● 图 17—26 枪击案件现场示意图

科学探案： 破案技术

● 图 17—27 被害人枪伤示意图

聪明的同学，你能算出作案人是在高楼的哪一层射杀了被害人吗？

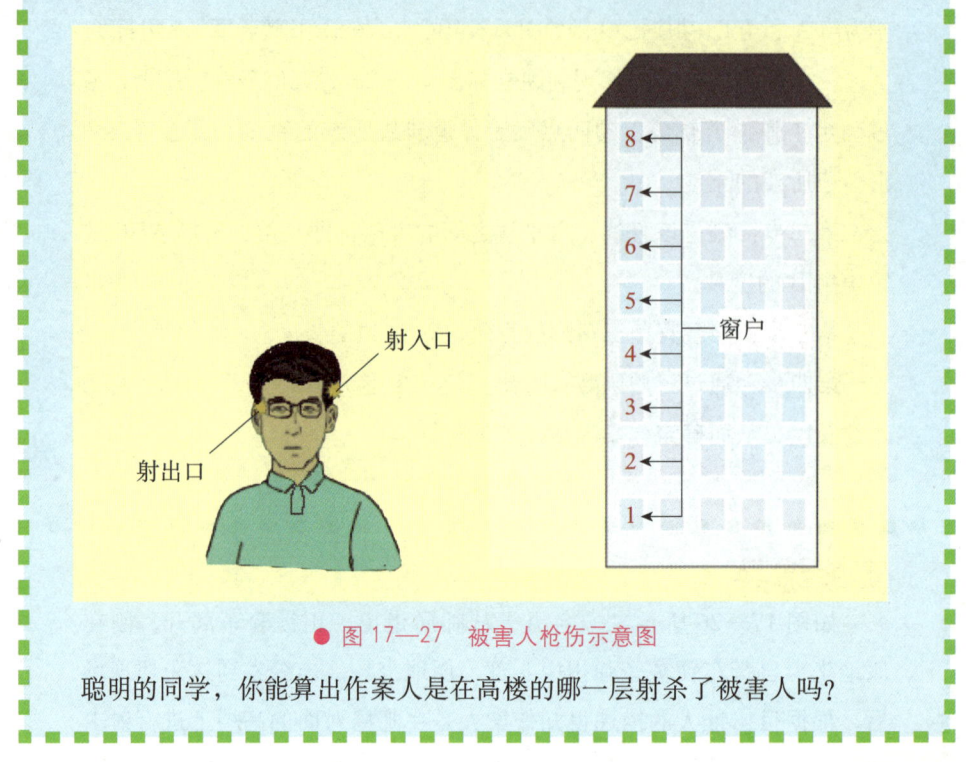

问题

1. 在枪支射击过程中，弹头、弹壳上会留下哪些痕迹？
2. 射击位置的确定需要测量哪些数据？

后 记

一年多的时间，几易书稿，终于改定，百感交集。

有必要再交代一下这本书的前前后后。

本书缘起于2015年北京市科学技术委员会科学技术普及专项项目：创作出版《科学探案》（Z151100003015170）。本项目2015年3月立项，项目研究成果2016年3月交付出版。但我们清楚地知道，这本书绝不是我们一年内闭门造车的产物，而是多年来沉淀和积累的呈现，是谋划、投身、参与、支持、帮助、鼓励"科学探案"创新人才培养项目的领导、专家、同行的共同成果！

这本书能够顺利出版，需要感谢的人有很多。

首先要感谢北京市科学技术委员会，其组织的专家评审，给了我们一个思考、梳理、总结和呈现近几年"科学探案"成果的机会。

感谢北京市教育委员会及北京青少年科技创新学院办公室，其在创新教育方面作出的有益的、大胆的前瞻性尝试，使我们有幸参与到"雏鹰计划"、"北京市基础教育阶段创新人才培养项目"中来。没有历练，没有积淀，自然也就不会有这本书的诞生。

感谢各级领导特别是北京青少年科技创新学院办公室张毅主任对"科学探案"协作体及《科学探案》创作团队的指导。感谢"创作出版《科学探案》"项目中期检查专家提出的中肯意见与建议。没有他们，本书不可能脱胎换骨，拉近与青少年读者的距离。

感谢中国人民大学出版社翟江虹女士、田淑香女士、李颜女士、汤慧芸女士及郦益先生，没有他们的策划和编辑加工，本书不可能按时出版，更不可能完美呈现。

最后感谢本书的创作团队成员：温永启、徐少辉、孙晗、丁汉、柳超、穆小旭、徐伟、孟祥雨。本书资料庞杂、图表繁多，没有他们的辛苦付出，就没有本书如今的资料翔实、图文并茂。正是他们加班加点，动手实验，调查研究，收集素材，撰写文稿，反复修改，精益求精，才使得本项目顺利完成，书稿得以按时交付出版。

著述编写是折磨人的工作，写作中常常寝食难安；著述编写又是遗憾的艺术，即使改了一遍又一遍，但我们知道本书肯定存在很多不足，期待读者批评，方家斧正。

郭威

2016年5月20日

改定于中国人民公安大学团河校区

图书在版编目（CIP）数据

科学探案：破案技术 / 郭威，张毅主编. —北京：中国人民大学出版社，2016.6
ISBN 978-7-300-23107-5

Ⅰ.①科… Ⅱ.①郭… ②张… Ⅲ.①刑事侦查-中小学-课外读物 Ⅳ.① G634.263

中国版本图书馆CIP数据核字（2016）第153302号

北京市科学技术委员会科普专项资助
北京市科学技术委员会、北京市教育委员会——"雏鹰计划"
北京市教育委员会——北京市基础教育阶段创新人才培养项目

科学探案：破案技术

主　编　郭　威　张　毅
副主编　温永启
Kexue Tan'an：Po'an Jishu

出版发行	中国人民大学出版社			
社　　址	北京中关村大街31号		邮政编码	100080
电　　话	010-62511242（总编室）		010-62511770（质管部）	
	010-82501766（邮购部）		010-62514148（门市部）	
	010-62515195（发行公司）		010-62515275（盗版举报）	
网　　址	http://www.crup.com.cn			
	http://www.ttrnet.com（人大教研网）			
经　　销	新华书店			
印　　刷	北京易丰印捷科技股份有限公司			
规　　格	170mm×240mm　16开本		版　　次	2016年6月第1版
印　　张	13.75　插页1		印　　次	2016年7月第2次印刷
字　　数	199 000		定　　价	48.00元

版权所有　　侵权必究　　印装差错　　负责调换